AF534100

Heimito von Doderer

# DIE POSAUNEN VON JERICHO

*Zunächst wird er in einem dunklen Hausflur Zeuge eines sexuellen Übergriffs auf ein kleines Mädchen. Es folgen ausartende Alkoholexzesse und schließlich der titelgebende Posaunenstreich einer Männerhorde, der auf eine anmutige alte Dame zielt. Doch Frau Ida ist nicht zuhause, weshalb der nächtliche Lärmangriff misslingt. Von der Hausmeisterin alarmiert, erscheint das Überfallkommando der Polizei und bereitet dem groben Unfug ein jähes Ende. Dieses furiose, dunkel eingetönte Meisterstück des Antipsychologen Doderer hat er selbst gern als sein «eigentliches Hauptwerk» bezeichnet.*

Heimito von Doderer

# DIE POSAUNEN VON JERICHO

*Mit einem Nachwort*

*von Thomas Melle*

C.H.BECK textura

Die Reihe *textura* wurde vom Verlag Langewiesche-Brandt (Ebenhausen bei München) begründet und wird seit dem Jahr 2010 vom Verlag C.H.Beck fortgeführt.


www.chbeck.de
Satz: Fotosatz Amann, Memmingen
Druck und Bindung: Pustet, Regensburg
Umschlaggestaltung: Kunst oder Reklame, München,
Umschlagabbildung: Foto Franz Hubmann

Gedruckt auf säurefreiem, alterungsbeständigem Papier
(hergestellt aus chlorfrei gebleichtem Zellstoff)
Printed in Germany
ISBN 978 3 406 74958 2

myclimate
klimaneutral produziert
www.chbeck.de/nachhaltig

# DIE POSAUNEN VON JERICHO

Divertimento No VII

*Der Bartriss werde früh geübt*
*weil er dem ‹Plauz› die Schwungkraft gibt.*

*Gewalt = Tat gegen Unbekannte*
*löscht Feuer ehe es noch brannte.*

*Die epigrammatische Faust erledigt*
*was uns sonst gründlicher beschädigt.*

# ERSTER TEIL

## 1.

Als ich in den Hausflur trat, erkannte ich ihn trotz des Halbdunkels. Es war ein Mann, dessen Nase mir in der Schenke als obszöne Aussage aufgefallen war; sie zipfte und schien zu tropfen gewillt. Den Hausflur hatte ich irrtümlich betreten und im Hause gar nichts zu suchen; sogleich als ich diesen Staatsbahnpensionisten erblickte, wußte ich jedoch, was er hier trieb: es hätte, paradox genug, der kleinen Acht- oder Neunjährigen, an die er sich eben heranmachte, gar nicht bedurft, um zu wissen, daß eine solche Nase an diesem allgemein zugänglichen, jedoch schlecht beleuchteten Orte gar nichts anderes tun konnte, als was ihr eben zukam. Ich wandte mich herum, da ich ja bemerkt hatte, der Hausflur sei nicht der richtige und ich in ein falsches Tor geraten. Ungewiß blieb, was ich gesehen und auch, ob wir einander überhaupt erkannt hatten. Unzweifelhaft jedoch erschien, daß ein jetzt im Hausflur dahinten hörbares Schreien und Schimpfen sich gegen den Pensionisten richtete. Die Ausdrücke waren unflätig. Er war ertappt worden. Ich befand mich schon auf der Straße und ging davon.

## 2.

Im kleinen Café, wo ich ihn vordem nie gesehen hatte, erschien er zwei Tage später. Er trat, sich umsehend, ein und steuerte auf mich zu, während in den gleichen Augenblicken bei mir der Entschluß entstand und fest wurde, ihn auf ungewöhnliche Weise zu peinigen. In der Schenke hatten wir nie miteinander gesprochen, doch wußte er wohl, wer ich sei; auch ich wußte es ja in bezug auf ihn. Und, augenblicks, wußte ich noch viel mehr: warum nämlich er überhaupt hierher kam. Er wollte was trinken, sich aber in der Schenke nicht sehen lassen. Er fürchtete sich. So schritt er denn auf mich zu, redete mich mit meinem Titel an, gab seiner Verwunderung Ausdruck, mich hier zu finden, fragte, ob ich denn öfter hierher käme, und schließlich, ob er bei mir Platz nehmen dürfe. Ich nickte kurz.

## 3.

Der Vorgang wiederholte sich während der nächsten vierzehn Tage; fast jedesmal, wenn ich im Café saß, erschien früher oder später die Nase. Sie führte dann auch das Gespräch an meinem Tischchen; freilich allgemeinen Inhalts; jedoch wurde diese Schutzschichte infolge jenes Vorganges durchdrungen, welchen man in der Physik die Diffusion nennt. ‹Die Sprache hat eine verflixte Tendenz zu Wahrheit›, heißt es irgendwo bei Gütersloh. «Herr Doktor», sagte der Pensionist, «Sie sind viel herumgekommen. Sie haben manches gesehen.» «Manches», entgegnete ich kurz. «Auch ein flüchtiger Eindruck kann unter gewissen Umständen bedeutungsvoll werden.» «Stimmt», sagte ich, «und es müssen nicht immer die hübschesten Eindrücke sein.» «Sie sind zwar gewiß ein Menschenkenner», bemerkte er nach einer kleinen Pause, «jedoch kann man bei flüchtigen Eindrücken sich allerdings auch ein falsches Bild vom anderen Menschen machen.» «Nicht, wenn man auf dem Boden der Tatsachen bleibt», sagte ich rücksichtslos, und: «Man muß auseinanderhalten, was man de facto gesehen hat, und was man sich etwa nur einbildet.» «Und das können Sie immer, Herr Doktor?» «Ja», schloß ich ab, knapp und entschieden lügend (wir lügen sonst meistens zu langatmig).

## 4.

Sein Befinden schien von Mal zu Mal schlechter zu werden. Ich klopfte keineswegs auf den Busch. Er fuhr mit den Händen auf dem Tische herum. Ich hatte mir für den Fall, daß, nach vollständiger Diffusion, die Schutzschicht der Gespräche sich gänzlich auflösen würde, zurechtgelegt, von der Kürze und Knappheit meiner Antworten zum einfachen Schweigen überzugehen, das heißt überhaupt keine Antwort zu geben, falls eine mehr oder weniger direkte Frage von ihm würde gestellt werden. Wir vergessen dieser Möglichkeit zu sehr im gewöhnlichen Umgange; jede Frage fasziniert uns; schon setzen wir zur Antwort an. Es steht jedoch durchaus in unserem Belieben, zu antworten oder nicht zu antworten. Um daran festhalten zu können, hatte ich mir eine überaus komplizierte Gedankenverbindung bereitgestellt, die ich eben damals bearbeitete, und zwar vergeblich bearbeitete, weshalb ich Kummer empfand oder schlechtes Gewissen. Dieses Gewicht gedachte ich sofort auf mich herabfallen zu lassen und damit meine Lippen zu verschließen, wenn er versuchen sollte, sich meiner zu versichern; auf diese Weise in ein unzugängliches Territorium zurückweichend, zerschnitte ich den Faden des Gesprächs.

## 5.

Es dauerte gar nicht lange und wir befanden uns an dem Punkte, wo sich meine Anstalten bewähren konnten. «Ist Ihnen vor vierzehn Tagen nicht etwas aufgefallen, Herr Doktor?» sagte er. Schon schnappte ich mir meinen Problemknochen und retirierte mit tierischem Ernst in die Hundehütte des Denkens. Als er hinzufügte: «Wir sind einander doch zufällig begegnet» – da hatte ich die Ebene bereits gewechselt und mich in eine Notlage versetzt, wie sie eben allemal in jener Hundehütte auftritt. Seine Frage war ein viel zu schwacher Reiz, um noch bis zu mir und in mein Gehäuse durchdringen zu können. Deshalb wurde mein Schweigen nicht das Endprodukt einer Anstrengung, sondern nur das Nebenprodukt einer solchen auf ganz anderer Ebene. Ich mußte keineswegs den Mund halten. Er blieb von selber zu. Und zwar in einer Weise, die dem Schweigen jede Möglichkeit nahm, etwa selbst als eine Antwort oder für eine solche dazustehen. Es war um kein Haar mehr als eben – keine Antwort; einfach nichts. Die Aktion – sie verdient trotz allem diesen Namen, weil sie auf einem anderen Boden höchste Aktivität erforderte – war für seine bereits zerfaserten und zerfetzten Kräfte zu viel. Er brach zusammen, das heißt es brach ihm alles heraus, auf die Tischplatte von Stein, er hätte sie eigentlich besudeln müssen. Die Art seines Redens jetzt war das äußerste Gegenteil meines Schweigens von eben vorhin. Ich hatte ihn provoziert, stimmlos, ohne einen Laut auszustoßen. Er sagte alles.

## 6.

Während meiner Denkensanstrengung war mir – gleichsam als die Aureole davon – sehr deutlich bewußt geworden, daß wir im Herbste standen, in seinem klaren hinausweisenden Wetter, weitsichtig wie die alten Leute, während der Frühling, damit verglichen, immer gleich in der nächsten Ecke seine psychologischen Häferln auf tolle Schnellsieder setzt. Draußen, auf dem sehr breiten Trottoir, lehnte der Herbst, man sah ihn, ohne daß man ein gebräuntes Blatt erblickte. Er lehnte dort, der Geist eines Wanderers, in dieser Stadt fremd, durch Wälder zu wandern gewohnt. Die Stoffbezüge der Polsterbänke hier waren fleischrosa, das kleine Lokal fast leer. Es war draußen sonnig geworden. Der Staatsbahnpensionist also sagte jetzt alles. Die Eltern des Mädchens – sie waren es, die im Hausflur geschimpft und geschrien hatten – zogen dann doch eine finanzielle und schweigende einer polizeilichen und beredten Behandlung der Angelegenheit vor; ja, sie hielten sich dabei in für den Pensionisten noch erfüllbaren und ihm gewissermaßen wie ein Gewand angemessenen Grenzen des Forderns. Zunächst, zweihundertundfünfzig: bis zum 20. Oktober acht Uhr abends. Acht Uhr fünfzehn bei Nichterfüllung Einwurf der Anzeige in den Briefkasten.

## 7.

Nun, wir hatten jenes Datum, wenn auch erst vier Uhr nachmittags. Und er hatte zweihundertzehn zusammengebracht. Als verheirateter Mann und bei begrenzten Bezügen unterlag er voller Kontrolle. Das Geld lag jetzt vor ihm auf dem Tisch. Er zählte es zweimal durch. An seinen Schläfen, an der Stirn – soweit da von einer solchen gesprochen werden kann – und an den Backenknochen erschien Feuchtigkeit: Schweiß der Schwäche. Ich stellte mir mit Befriedigung vor, daß er jetzt wohl auch an den Füßen schwitzte. Nun galt es, ihn in der eigenen Feuchtigkeit zu dünsten. Ich ließ einen Vorhang herab, indem ich eine Zeitung aufnahm, und verschwand, ohne zu lesen, dahinter in die Hundehütte. Auch diese Aktion gelang. Als ich nach einer Weile mein Notizbuch hervornahm und zu schreiben begann, hatte ich meine Absichten in bezug auf den Pensionisten vergessen. Ich war neutral geworden. Zuletzt las ich wirklich in der Zeitung und verdankte ein gelöstes Nachspiel zu der vorangegangenen Anstrengung dem Umstande, daß hier ausnahmsweise nicht nur Torheiten gedruckt standen, sondern diesmal ein hervorragendes Feuilleton. Im Raume waren längst die Lichter eingeschaltet und von draußen drückte die tiefere Dämmerung dunklen Glanz an die Scheiben.

## 8.

Mit Schwung stieß ich jetzt aus dem tiefsten Hintergrunde gegen den Pensionisten vor. Er hatte sich übrigens während der ganzen Zeit kaum durch Lesen maskiert, sondern war, nachdem er die zweihundertzehn wieder eingesteckt, vorgeneigt gesessen, den Blick auf der Tischplatte. «Herr Rambausek», sagte ich, «Sie können den fehlenden Betrag von mir haben, und zwar sofort.» Er beteuerte sogleich seine Loyalität bezüglich der Rückzahlung. «Eine solche kommt nicht in Betracht», sagte ich, «denn ich verlange für das Geld von Ihnen eine Leistung.» «Ich bin zu jeder bereit», antwortete er einigermaßen tonlos; seine Erschöpfung ließ ihn anscheinend jetzt jeden Mut verlieren. «Es ist ein ganz Geringes, was Sie zu vollbringen haben», sagte ich und bediente mich absichtlich einer geschwollenen Ausdrucksweise, weil mir deren einschüchternde Wirkung auf Individuen seiner Art durchaus gegenwärtig war. «Indessen muß die Ausführung korrekt sein und genau meinen Angaben entsprechen. Sie verlassen jetzt das Café, und ich folge in kurzem Abstande. Vor jenem Hausflur – Sie wissen vor welchem, dort also, wo die Weinstube ist – werden Sie stehen bleiben und sodann mit vorgestreckten Armen drei tiefe Kniebeugen machen. Die Übung ist langsam auszuführen. Bedenken Sie, daß ich nicht weit hinter Ihnen mich befinde und Ihre Bewegungen beobachte. Nach Ausführung der Übung werde ich Sie meinerseits auf dem Gehsteige überholen, ohne Ihnen irgendwelche Beachtung zu schenken. Ich werde mich in das etwas weiter oben in der gleichen Straße befindliche ‹Café Greilinger› begeben und Sie dort erwarten. Unter der Voraussetzung, daß die drei Kniebeugen langsam, tief und vollständig ausgeführt worden sind, werden Sie dort den Ihnen noch fehlenden Betrag von mir ausbezahlt erhalten. Ich bitte Sie, jetzt genau zu wiederholen, was Sie zu tun haben.»

## 9.

Diese Wiederholung schien ihm die größte Qual zu machen, und ich hatte das gar nicht anders erwartet. Seine eigenen Worte rannen zäh, kalt und dick an ihm herab; und als ich ihn endlich zur Durchführung entließ, schien er beinahe erleichtert. Ich folgte ihm nun unverzüglich. Die etwas bergan führende Straße war belebt, es war die Zeit des Geschäftsschlusses. Ich hielt durch Augenblicke für unmöglich, daß er tun würde, was ich verlangt hatte. Gleich danach packte mich die Vorstellung, einfach auszureißen, davonzugehen, zu verschwinden; aber ich fand mich jetzt durchaus an ihn gebunden, ja gekettet. Schon hatte er die bezeichnete Stelle erreicht, hielt an, stand jetzt still. Und dann ging er in die Hocke. Er warf dabei die Arme vor, wie man's in der Turnstunde gelernt hat. Diese Vorschriftsgemäßheit wirkte absurd. Auch bei der zweiten Hocke beachtete ihn noch kaum jemand, vielleicht meinte man, ihm sei etwas herabgefallen und er hebe es nun vom Boden auf. Als er in die dritte Hocke ging, überholte ich ihn und passierte so knapp an ihm vorbei, daß er aus dem Gleichgewicht kam und sich mit der linken Hand am Boden stützen mußte. In dem großen Café Greilinger saß fast niemand, links rückwärts lag völlige Leere über einer hingedehnten Herde von Sesseln und roten Polsterbänken. Ich rief dem Ober im Vorbeigehen eine Bestellung zu, ging in das Vakuum links hinein und nahm ganz rückwärts Platz. Schon war Rambausek da, kam auf mich zu. Ich sah ihm entgegen: er war jetzt völlig verstört, das konnte ich beim ersten Blick erkennen. Ich saß auf einer Polsterbank, die Hände in den Hosentaschen, die Beine ausgestreckt. Nun war er heran, der Pensionist. Plötzlich bemerkte ich, daß seine Augen noch einen Sprung auf mich zu machten, sie fraßen gleichsam die letzte geringe Entfernung zwischen uns vollends auf; in der nächsten Sekunde griff er mit beiden Händen nach meiner Gurgel. Beim raschen Vortreten war er so zu stehen gekommen, daß meine ausgestreckten Beine sich zwischen seinen Füßen befanden. Ich grätschte, und er fiel auf den Polstersitz gegenüber. Noch traten seine Augen hervor, jedoch sank jetzt ihre Erektion rasch zusammen. Der Blick brach. «Entschuldigen Sie, Herr Doktor», sagte er, «ich bin über Ihre Beine gestolpert.» «Das kommt mir auch so vor», sagte ich. Eben schritt der Ober mit meinem Kaffee heran. Ich bestellte für Rambausek einen doppelten Kognak und Soda. Dann übergab ich ihm das Geld. Er steckte es mit Sorgfalt ein, nachdem er die Gesamtsumme noch einmal durchgezählt hatte. Dann trank er gierig und rauchte die angebotene Zigarette. «Lassen Sie sich nicht mehr aufhalten, Herr Rambausek», sagte ich, nachdem er ausgetrunken hatte, «die Sache ist zu meiner Zufriedenheit erledigt, ich danke Ihnen.» «Ich Ihnen noch viel mehr, Herr Doktor», entgegnete er, indem er sich jetzt erhob. Einen Augenblick zögerte er, jedoch ich behielt die Hände in den Taschen; so verbeugte er sich denn (und auf gar keine üble Art) und ging ab. Ich sah ihm auf den Rücken. Eben setzte er den Hut auf, und gerade da beobachtete ich seinen Haaransatz im Nacken, und den Hinterkopf überhaupt. Das Kreatürliche in und an ihm wurde mir doch fühlbar jetzt. Ich war zu weit gegangen. Ich verdüsterte mich tief in diesen Augenblicken. Wenige Tage später, auf der Straße, grüßte er mich mit großer Ehrerbietung. Und es war kaum zu verhehlen, daß er mir eben damit schon über den Kopf wuchs.

# ZWEITER TEIL

## 1.

Oberhalb der Stadt liegt im Wasser des Stroms nah am Ufer das Wrack eines Dampfers, der im Kriege getroffen worden ist. Aus einer zerbeulten Büchse – unten immer noch ein Schiff, ja, als nichts anderes anzusprechen! – ruft die schräg in die Luft stehende lange schwarze Tüte des Rauchfangs über den Strom und das hingezogene Graugrün seiner Ufer: wie ein letzter, stehengebliebener Pfiff der Sirene, aber stumm. Unten liegt jetzt, bei niederem Wasser, alles zum Teil schon am Trockenen und sinkt in die Erde, durch ein Gewicht, welches vom Strome nicht mehr aufgehoben und getragen wird. Vom einst fischglatten Schiffsbauch fehlt ein Teil: grad hinter dem Radkasten ist die Zerstörung eingebrochen. Vorn aber sticht der Steven stromauf und liegt gar im Wasser: nach dem rufenden Rauchfang derjenige Teil des Wracks, welcher am meisten die Form der Aktivität noch bewahrt hat.

## 2.

Ich kam dorthin oft in jenem Herbste. Ich betrachtete das Schiffswrack, genau und lange. Mich befremdete schließlich, daß keine Kinder, vor allem Buben – die hier überall am Stromufer herumliefen – auf dem Wrack spielten: das mußte doch anziehend sein. Wahrscheinlich war's von der Polizei vernünftigerweise streng verboten worden; denn wenn zwischen den zerrissenen Aufbauten und durch die Spalten des zerschründeten Schiffsleibes solch ein Knirps ins Innere gefallen wäre, darin es rauschte und zog: nicht leicht hätte man ihn da wieder herausbekommen. Die Kinder spielten am Kai. Die Mädel machten fast mehr Lärm wie die Buben. Ihre Stimmen klangen gewissermaßen älter, erwachsener, Frauenstimmen freilich weit ähnlicher als die Laute der noch vor dem Stimmwechsel stehenden Knaben dem Organ eines Jünglings sind. Bei den Mädchen aber hörte man manchen Diskant, der gar nicht anders auch bei erwachsenen Frauenspersonen gehört werden kann. «Guten Tag, Herr Doktor.» Das war so eine Stimme. Im übrigen war die da so klein nicht mehr, wohl schon neun oder zehn.

## 3.

Ich muß gestehen, daß die Stimme des Mädchens mich in irgendeiner Weise aufbrachte, in Verteidigungsbereitschaft versetzte, harnischte. «Woher kennst du mich?» fragte ich, nicht ohne Bestimmtheit, während ich mich ihr zuwandte, sie ins Auge fassend. Das Spiel war unterbrochen worden. Die Freundinnen betrachteten mich aufmerksam. Über den Gesichtsausdruck derjenigen, die mich angeredet hatte, erschrak ich jetzt im tiefsten Innern: es war, mit dem schiefgezogenen Mäulchen, der einer hübschen, dummen, aber geriebenen Person, die hier sozusagen als Schulmädchen umherlief: also etwas lebhaft Unappetitliches. Das Gesichtchen war scharf und fein. «Meine Eltern wohnen in dem Haus, wo die Weinstube ist», sagte sie und nannte den Namen des Wirts. Erst jetzt stellte sich in mir die Verbindung zu dem Stadtteil, wo ich daheim war, überhaupt her; von hier aus eine Stunde Straßenbahnfahrt entfernt. «Und was machst du hier?» fragte ich, strengen Tones. Ich wunderte mich über die Größe ihrer Augen und die Länge der Wimpern; es war, genau besehen, ein außerordentlich schönes Kind. «Ich geh' jetzt hier in die Schule und wohn' auch heraußen bei der Tante.» «Warum nicht bei der Mutter?» fragte ich. Sie zog mit dem Mäulchen zugleich den ganzen Oberkörper schief. Alle Mädchen begannen zu lachen und stoben davon.

## 4.

Ich blieb allein beim Schiffswrack zurück. Der Nachmittag, noch nicht weit vorgeschritten, erfüllte alles mit einer neutralen Stille; es war merkwürdigerweise eine ähnliche Stimmung, im Grundgeflechte sozusagen, wie wenn man in der Schule den leeren Turnsaal betrat aus irgendeinem Grunde, vielleicht weil man dort das Taschentuch verloren hatte. Da lag es. Neben den Kletterstangen. Hier aber kam der Strom unaufhörlich wallend hervor hinter dem Berge links, unter dem leeren Himmel. Es rauschte im Wrack. Ich empfand Schmerz, unmöglich zu sagen weshalb, unmöglich zu sagen worüber: die Wehmut fraß an mir wie ein Gift.

## 5.

Ich hob die Augen auf – und sah jetzt über den Wassermassen wie einen goldgrünen Garten voll Freude den jüngstverwichenen Sommer stehen, draußen über den Waldbergen, jenseits des Sattels, den die nach Westen führende Bahnstrecke mit zwei Tunnels überwindet. Der Ort dahinter heißt Eichgraben. Nach dem zweiten Tunnel geht es bergab, ein anderer Takt kommt in die Räder, es schlägt und hallt, der Wald hallt vom Zuge, bricht ab, denn nun fährt man frei über den Viadukt hinaus, nach welchem bald, vorm kleinen Bahnhofe, die Bremsen schleifen.

## 6.

Das Grün ist wogend, warm und schaumig, die Veranda hoch, die Wälder viel weiter, als das Auge auch von diesem günstigen Punkte reichen kann; dann gab es dort noch einen ganz tief gelegenen: ich für mein Teil bewohnte ein Gartenhaus im Talgrund, das zur Villa oben gehörte, am Bache, im hohen Grase. Ich erwachte zeitig, da die Wände großenteils von Glas waren. Die Vögel zwitscherten. Ich sprang aus dem Bett, ging unbekleidet draußen in der Morgensonne durch die nasse Wiese. Hier aber, und selbst am Strom, am Wrack, war dieses Mädchen da gewesen, eben jetzt. Mein Kopf sank herab, ich hörte wieder das Rauschen im Schiffsbauch. Hier ging mir etwas nach, ich zog einen Faden hinter mir her, er verwirrte sich um meine Füße. Ich starrte auf den zertrümmerten Radkasten des Dampfers, als könnt' ich den Stand der Sachen im Grundgeflechte meines Daseins aus diesen Resten lesen.

# DRITTER TEIL

## 1.

Sogleich nach der Sache mit Rambausek, ja von diesem Tage an, war ein Rutsch hinab nicht mehr aufzuhalten, da mochte ich mich dagegen stemmen, wie immer ich wollte: es ging tiefer und tiefer. Wie die Schiffe im sagenhaften Tangmeer vor Atlantis blieb ich mit erlahmter Arbeitskraft stecken, drehte mich auf der Stelle, mühte mich ohne Frucht, brütete tagelang vor mich hin, roch fast mit der leiblichen Nase die Miasmen meiner geistigen Fäulnis. Auch der Wein wollte nicht helfen, er mischte sich mit dem Übel und verdarb selbst daran. Und in seinem trügenden Glanze wurde er zur Vorspiegelung, zur Fata Morgana besseren Zustands, und immer mehr, bis ich, von ihm gegängelt, in schlechterer Gesellschaft mich befand als jemals vorher, als je in meinem Leben.

## 2.

Auch nahm die Rauflust überhand, und bald fanden sich dazu die rechten Gesellen. Schon ward nicht mehr in der Schenke, sondern durchaus nur in meiner Wohnung getrunken, und längst nicht mehr unser ehrwürdiger heimischer Wein, sondern glashelle durchdringend duftende Getränke, zu denen man die eiskalten Sodaflaschen bald nur der Form halber ein wenig zischen ließ, und meist daneben. Oft schwamm der Boden. Streit und Zank brach aus. Tagsüber selbst gingen Betrunkene taumelnd durch mein Vorzimmer. Ich hatte alte Waffen damals an den Wänden, Bogen und Köcher, Degen und Rapiere, kein Dekorationszeug: nein, es waren schon die richtigen. Im Rausch rissen sie die Klingen herab – auch ich war da beteiligt – klirrend ward gefochten, und nicht mehr spaßhaft und gutartig. Noch Unbesoffenere, gleichfalls bewehrt, hieben dazwischen, doch ward jemand in den Arm gestochen, den einer der Kumpane, ein Arzt und Chirurgus, danach verband. Es hätte Tote geben können, den Rapieren mangelten, zu meinem Entsetzen, die Kügelchen, vielleicht hatten die Betrunkenen sie entfernt.

## 3.

So tobten wir, vergeudeten auch eine Unmenge Geld, von der Zeit zu schweigen, lärmten bei Tage und bei Nacht, und sangen brüllend. Vielleicht ward alles noch schlimmer gemacht dadurch, daß Frauenzimmer bei diesen Zusammenkünften gänzlich fehlten und damit alle Milderungen der Roheit. Man wird nun mit Recht eine Frage bezüglich meiner damaligen Wohnverhältnisse stellen: wie ich mir denn solches in einem Großstadthause, mitten zwischen dessen zahlreichen Bewohnern, erlauben konnte? Doch, ich konnt' es. Über mir war das flache Dach. Die Stockwerke unter mir aber enthielten Büros und Geschäfte und waren also des Nachts, zu welcher Zeit ja das Unwesen und Toben bei mir vornehmlich losbrach, völlig leer. Andererseits jedoch hatte ich ja die sehr geräumige Wohnung nicht allein inne; sie war in zwei Teile geteilt. Und damit komme ich nun auf meine Nachbarin.

## 4.

Diese war wohl die anmutigste alte Dame – sie stand knapp vor den Siebzig – welche ich je gesehen habe. Schlank und doch rundlich, flink und doch würdevoll, ein spitzmäusig Gesichterl unterm schönen weißen Haar, klug und von unermüdlicher Schaffenskraft und Tüchtigkeit: sie besorgte den ganzen Haushalt für ihren Sohn und die junge Frau, welche dieser kürzlich erheiratet hatte, weil die neuen Eheleute alle beide tagsüber in Beruf und Dienst standen. Das Heim spiegelte von Sauberkeit (freilich seh' ich hier von meinen Zimmern ab, wo immer die gleiche Bedienung durch die Jahre schlampte). Frau Ida – so nenn' ich meine anders genannte Nachbarin hier – konnt' es im Kochen schon bald mit einem Chef de cuisine aufnehmen, und sie war darin auch von größtem Eifer, von größter Ausdauer: ihre Küche ein blitzblankes Laboratorium der Gastronomie. Hier hatten wir oft geplaudert. Meine ganz offenkundige Sympathie und Verehrung erweckten ein freundliches Empfinden auch in der vortrefflichen Dame, und unsere Nachbarschaft war bald die beste geworden.

## 5.

Zu jener Zeit, als das lärmende Unwesen bei mir begann, befand sich Frau Ida allein. Die jungen Leute hatten den Urlaub dieses Jahres erst spät antreten können und waren für einen Monat nach Süditalien gefahren. Nun gehörte meine Nachbarin keineswegs zu den lärmempfindlichen Menschen, ja sie war es in einem ganz erstaunlichen Grade nicht, und sie hatte diese ihre Eigentümlichkeit oft selber lachend festgestellt. Jedoch war sie durchaus nicht schwerhörig. Nun, zu Anfang der Exzesse, also nicht lange nach dem 20. Oktober und den drei Kniebeugen Rambauseks, gediehen die Sachen ja nicht gleich zur vollen Wucht. Wohl ward gebrüllt. Doch tranken wir ja in dem rückwärtigen meiner beiden Zimmer; überdies hatte ich auf sorgfältige Schallabdichtung gleich beim Beziehen dieser Behausung hier viel Mühe verwendet, wenn auch nicht, um zu saufen und zu lärmen, sondern damals meiner Arbeit wegen; doch kam, was einst der Tugend gefrommt hatte, jetzt auch dem Laster zugute.

## 6.

Immerhin tapsten des Nachts Betrunkene durch das gemeinsame Vorzimmer, was ihres Wasserabschlagens wegen nicht zu vermeiden war. Dabei brabbelten die Bursche freilich, stießen einander wohl auch an und torkelten herum; und einmal trat der Doktor Pretzmann – das war jener Arzt, der den Gestochenen verbadert hatte – einen in den Hintern, weil der nicht rasch genug von der Muschel weichen wollte. Alsbald entstand Keilerei; und das Lärmen, in meinen Zimmern jetzt auch bemerkt, zog einen nicht mehr aufzuhaltenden Strom in die Vorräume, der dort in jene Keilerei mündete und sie allgemein machte; es war, als gösse man immer mehr Öl ins Feuer, und am Ende rauften gegen zwanzig Personen, jedermann prügelte jeden, der ihm grad zwischen die Hände geriet, und niemand wußte warum.

## 7.

Man kann sich leicht denken, daß ich danach wegen meiner vortrefflichen Frau Ida schwer besorgt war. Ich drückte mich am folgenden Vormittage zu später Stunde im Bademantel höflich grüßend draußen an ihr vorbei, aber dem Spitzmäusl war nichts anzumerken, es sah frisch und knusprig aus wie immer, und es dankte mir freundlich für meinen Gruß. Unverständlich blieb doch, daß sie bei Nacht nicht protestiert und Ruhe geheischt hatte: der Lärm war ungeheuer gewesen. Was nun über Tag so dann und wann bei mir einkroch, einen trank und wieder abtorkelte, das hatte sich, wenn es der appetitlichen Kleinen begegnete, seit jeher feixender Höflichkeit beflissen, mit Kratzfüßen und etwas unsicheren Verbeugungen. Nun, Frau Ida mußte ja dessen gewahr werden, wie's bei mir zuging. Aber sie ließ sich nichts anmerken. Nach der nächtlichen Keilerei im Vorzimmer befleißigten sich die auch bei Tage Betrunkenen nun schon ganz besonders devoter Formen der würdigen Dame gegenüber, vielleicht drückte sie dann doch das Gewissen. Herinnen in meinen Zimmern ward sie gelobt. Die Kleine gefiel. Das erste Mal aber, daß mir solches eine Art unheimlichen Vorgefühls erzeugte, war, als ich mittags einen der Katzenjämmerlichen – übrigens ein Bursch aus großem Haus und von glatter und sicherer Manier, nur eben ständig angetrunken – draußen im Vorraum mit Frau Ida gar nicht übel konversierend antraf. Hier, merkwürdigerweise, ahnte mir schon nichts Gutes.

## 8.

In diesen Tagen erzählte mir Frau Ida einmal, daß eine alte Freundin von ihr krank sei; allein in einer verhältnismäßig großen Wohnung sei die fünfundsiebzigjährige Dame, bei der es sich um ein Nervenübel im Bein und dazu noch um eine gewisse Herzschwäche handle, oft fast unfähig zu jeder Bewegung; aber, eigensinnig, wolle sie von der Aufnahme einer Pflegerin nichts wissen. Da müsse eben sie selbst, Frau Ida, viel nach dem Rechten sehen; glücklicherweise sei's jetzt eher möglich, weil ja der Haushalt ihre Anwesenheit nicht so sehr erfordere. Wenn die Schmerzen im Bein bei der Patientin stark würden, leide diese mitunter an Angstzuständen und fürchte dabei vor allem das Alleinsein. So weit Frau Ida. Ich hörte artig zu; mit Aufmerksamkeit; jedoch mit Mißbehagen. Bei allem Lärm der Oberfläche war ich in der Tiefe doch mehr tot als lebendig, und gerade das wurde mir da in der Küche, während Frau Idas Erzählung, bewußt. Und mehr als das: ich fühlte Angst; Angst vor einem rächenden Zorne, der mich selbst plötzlich könnte in Alter und Krankheit stürzen; mitten aus meiner jetzigen Lebensweise heraus. Ja, ich fühlte mich, während die reizende Dame sprach, vom Tode nur wie durch eine dünne und zufällige Wand getrennt.

## 9.

In meinen Zimmern kam man bald wieder auf die «reizende Kleine», die «Spitzmaus» – so wurde sie hier schon genannt! – zurück. Das Thema setzte sich hartnäckig fest. Wortführer war jener junge Herr, der sich draußen mit Frau Ida unterhalten hatte. Ich sage «Wortführer» und möchte lieber jetzt schon «Rädelsführer» gesagt haben. Auch schien mir der Doktor Pretzmann bei alledem ständig zu schüren. Der Familienname Frau Idas vermochte wohl irgendwelche Gedankenverbindungen zum Alten Testament hinüber anzuregen. Nachdem aber jemand einmal das Wort «die Posaunen von Jericho» ausgesprochen hatte – es war unvermutet da, aus irgendeiner unseligen Verbindung hatte es sich ergeben, war es unter die Trinker gefallen – zeigte die ganze Lage urplötzlich ihre Kehrseite, wie wenn man eine Medaille umwendet: die Posaunen von Jericho. Es war unser Wort des Unheils. Ich sah mich einer schon ausgereiften Verschwörung, einem wilden Komplott gegenüber. Jemand trieb die zweifelhaften Geister noch auf die Spitze, indem er schrie: man müsse nun Größe beweisen, über sich selbst hinweggehen, männiglich etwas anschauen lassen, Ungeheures zu tun mit Leichtigkeit bereit sein.

## 10.

Ich widersetzte mich nur in schwächlicher Weise; ich war befangen und wie gelähmt. In der Tiefe meines Herzens hoffte ich vielleicht, daß durch alles, was sich nun mit größter Schnelligkeit zusammenzog und sogleich ins Werk gesetzt ward, der Pfropfen könnte herausgestoßen werden, der mein Lebensrinnsal sperrte, und sozusagen dem Fasse bald der Boden möchte ausgeschlagen sein. Jener schon zweimal genannte junge Herr wandte sich unverzüglich an die städtische Musikvermittlung: da waren sie nun, die Posaunen, ihrer drei: zweimal Tenor und einmal Baß, und die Bläser dazu. Der Triumphmarsch aus Verdis «Aida» sollte es sein. Meinetwegen, sei er's. Der Doktor Pretzmann verteilte zwanzig Repetierpistolen, die fürchterlich knallen konnten, freilich nur dies: es waren Spielzeugwaffen. Alles schrie durcheinander, alles redete von der Spitzmaus. Wie herzig sie sein würde in ihrem Bettchen, beim Klange der Posaunen, beim Knattern der Pistolen: vor Schreck sicher wie gelähmt. Ob sie wohl ein Nachthäubchen trage? Sie sei doch süß, die Kleine! Etwa um Mitternacht kamen in aller Stille die Musiker. Ihr Honorar war bedeutend, damit die Sache für sie erledigt, alles übrige erschien ihnen völlig gleichgültig, ihr Gebaren war so geschäftsmäßig, wie nur irgend möglich: sie hatten uns eins aufzuspielen, sie brachten ihre zusammengeklappten Pulte mit und stellten ihre kostbaren Instrumente in den schwarzen Futteralen achtsam beiseite in einen gesicherten Winkel. Dann tranken sie mit uns. Bläser trinken gern.

## 11.

Der junge Herr arrangierte nun alles mit Eilfertigkeit und Sorgfalt und wurde dabei von dem Doktor Pretzmann unterstützt. Dieser war es auch, der beiseite den Musikern sorgfältig einschärfte, die Türe von innen abzusperren, wenn wir alle ins Vorzimmer hinausgegangen sein würden, und sich solchermaßen einzuschließen; sodann aber unverzüglich ans Blasen zu schreiten und, ohne sich irgendwie darum zu kümmern, was da vorgehe, immerzu und unerschütterlich den gleichen Marsch weiterzublasen und auch stets wieder von vorne zu beginnen. Der Doktor Pretzmann stand bei mir von Anfang an im quälenden Verdacht der Unbesoffenheit und bloß simulierter Räusche. Manchmal schon war er aus der Rolle eines Betrunkenen gefallen; auch damals, als er verbinden mußte, wo er obendrein merkwürdigerweise sein Verbandszeug gleich in einer Ledertasche im Vorzimmer gehabt hatte; zufällig, wie er sagte. Mir schien mitunter, er wolle sich aus uns allen einen Narren machen; oder meinte er, hier die Wirkung des Alkoholabusus studieren zu können? Eher, so kommt's mir hintennach vor, hat er gewünscht, die Sachen auf die Spitze zu treiben, um zu sehen, wie weit wir wirklich gehen würden. In dieser Nacht jetzt, vor der Aktion, war übrigens nicht scharf getrunken worden. Daher auch konnte sich unser Hinausschleichen ins Vorzimmer selbzwanzigst mit beinahe vollkommener Lautlosigkeit vollziehen. Alle Lichter wurden draußen eingeschaltet, die Türe zum Treppenhause leise geöffnet und auch dieses in hellste Beleuchtung gebracht; das sei – so hatte jener Schreier hartnäckig behauptet und auch durchgesetzt – «der Größe der Situation wegen» erforderlich und auch deshalb, um jedermann den Zutritt gleich ohne weiteres zu ermöglichen: auf daß man männiglich was anschaun lasse. So standen wir, die Pistolen schußfertig in der Hand, lautlos und regungslos dichtgedrängt vor der Türe Frau Idas. Es war 1 Uhr und 25 Minuten.

## 12.

Jetzt erklangen die Posaunen mit reinster Intonation, klar und sonor; in wahrhaft rührender Schönheit drang Verdis demütig-starker Bläsersatz voll Glanz in die Nachtstille. Wenige Augenblicke später brachen wir brüllend unter heftigem Pistolengeknatter in das Schlafzimmer der Spitzmaus ein.

Nicht sogleich ward der Schalter für die Beleuchtung neben der Tür gefunden; die Hintersten drängten indessen, immerfort schießend, nach: auch, als das Licht schon in alle Ecken des Raumes gesprungen war, und wir diesen unbelebt sahen und das Bett von Mahagoniholz unbenützt und geschlossen. Noch krachten im Vorzimmer die letzten Schüsse. Wer jedoch schon sah, ließ die Hand sinken. Bald standen wir selbzwanzigst so lautlos und regungslos hier versammelt, wie eben vorhin noch vor der Türe. Verdis Akkorde beherrschten wieder alles, denn die Posaunisten bliesen unentwegt weiter. Als sie jedoch für einige Augenblicke absetzten, um den Triumphmarsch wieder von vorne zu beginnen, hörte man eine rasche Folge klatschender Töne, als werde jemand mit Schnelligkeit geohrfeigt (nun, wahrlich, wir befanden uns nicht weit davon, uns so zu fühlen): es waren die Pantoffeln des Hausmeisters, der jetzt in höchster Eile über die Windungen der Treppe heraufgelaufen kam und im nächsten Augenblick, jedoch mit einiger Vorsicht, unser teilweise vom Pulverrauch erfülltes Vorzimmer betrat. Als er bis zu uns herein gelangt war, blieb er vollends erstarrt stehn, ein langer, dünner Mensch, die Augen aufgerissen, wie helle Scheibchen. Die Posaunen klangen. Der Rauch von den zahllosen Schüssen hing im Schlafzimmer der Spitzmaus wie ein ganz gerades, etwas abfallendes Brett, und so bis ins Vorzimmer hinaus.

## 13.

Unter unaufhörlichem Posaunenschall erschien auch das Überfallkommando der Polizei, welches die Hausmeisterin gleich beim Beginne des Schießens telephonisch herbeigerufen hatte. Im auch sonst schon lebendig gewordenen Treppenhause trampelten jetzt die Stiefel der Mannschaften herauf. Mit jener durchschlagenden Schneidigkeit, wie sie der Kriminalpolizei aller Großstädte eignet – durch Menschenauswahl und straffe Erziehung – warf sich das Kommando, sein Führer voran, in unsere Wohnung, und einige Augenblicke später standen wir mit erhobenen Armen (lächerlicherweise auch der Hausmeister) den Mündungen der automatischen Pistolen gegenüber. Die Posaunen klangen. Wir hatten unsere Waffen fallen lassen müssen. Jetzt ward deren Beschaffenheit erkannt. Die Maschinenpistolen senkten sich, Sicherungen klappten. Da die Bläser auch durch Poltern und lautes Rufen nicht zum Schweigen zu bringen waren, drückten mehrere Mann die Türe ein: endlich brachen Verdis Akkorde ab. Wer der Wohnungsinhaber sei?, fragte der Kommandoführer. Ich mußte mich wohl melden. Der Doktor Pretzmann grinste ordinär. Ob mir die anwesenden Personen bekannt seien? «Meine Gäste», sagte ich, und: «dieser ist der Hausmeister.» Der Kommandoführer hatte freilich schon erkannt, daß es sich hier um eine Büberei handelte. Wir wurden nicht einmal verhaftet, sondern nur auf Grund unserer Ausweise namentlich festgestellt und aufgeschrieben. Auch die Musiker, drei ältere Herren übrigens. Sie waren recht betreten. Das Kommando rückte ab. Die Sache hatte dann für uns alle einige ziemlich langwierige Unannehmlichkeiten zur Folge, gelinde gesagt. Wenn auch eine Übertretung des Waffenpatentes nicht in Betracht kam, so doch wohl die der nächtlichen Ruhestörung, im ausgedehntesten Maße. Wir wurden auch im Sinne jenes Paragraphen, der vom «groben Unfuge» handelt, bestraft, wenn auch bei bedingter Verurteilung wegen unserer Unbescholtenheit. Die Musiker gelang es frei zu kriegen.

# VIERTER TEIL

## 1.

Der Pfropfen war mit alledem nicht heraus. Hierin hatte ich mich getäuscht. Es stand mit den zuletzt erzählten Auftritten nicht eigentlich in direktem Zusammenhange – wie man wohl glauben möchte – daß ich bald danach meine Wohnung wechselte; auch war's nicht für die Dauer. Ein Freund, der Maler Robert G., hatte sich für einige Monate nach Paris begeben. Ich hütete nun sein Heim. Er hatte mich dringend darum gebeten und wollt' es durchaus so haben. Mir aber paßte das eben jetzt in meinen zweifelhaften Kram. Ich glaubte ja den Pfropfen ernstlich heraus, und eine äußere Veränderung schien das in willkommener Weise zu betonen. Zudem, in dem Haus, wo ich wohnte, hatte ich mich einigermaßen blamiert, so kann man wohl sagen. Wir hatten uns unmöglich aufgeführt. Es sollte Gras darüber wachsen. Ich gedachte einen neuen Abschnitt zu beginnen. Ich vermeinte im Grunde, dieser sei schon damit gesetzt, daß ich übersiedelte und daß man nicht mehr soff (den bösen Gesellen entrann ich an den äußersten Rand der Stadt, schwerlich konnte jetzt bei mir was einkriechen oder abtorkeln). Man verfällt immer wieder dem Aberglauben, das Leben nach eigenem Ermessen periodisieren zu können: durch äußere Arrangements und moralische Kanalisierung. Man reißt sich also irgendwo heraus und fällt anderswo herein.

## 2.

Ich schickte meine Aufwärterin hinaus mit einigen Sachen und ließ für den Abend einheizen; noch war ja Winter, wenn auch ein milder. Als ich in das Atelier kam, war es schon dunkel. Die Bedienerin hatte des Guten zuviel getan, der Raum war schwer überheizt, hier herrschte Bruthitze. Ich kannte die großen Lüftungsklappen mit eisernen Rahmen in der schrägen Glaswand der Stirnseite und öffnete beide. Die einströmende Luft war feucht. Ich wußte mich nicht weit vom Strome, oberhalb der Stadt, jedoch hoch über dem Wasser. Der Raum hier sprach mich gut an, wenn auch in irgendeiner Weise mit Strenge. Es gehört hierher, daß der Maler nicht unter den Saufbrüdern gewesen war, was sich bei einem Künstler allerdings fast von selbst versteht. Der aus ungehobelten Brettern und schweren Vierkantern gemachte lange Arbeitstisch am Fenster sah stark abgenützt aus. Am einen Ende lagen zum Handwerk gehörige Dinge in einer Art exerziermäßiger Ordnung (sie herrschte auch sonst hier). Ich sah drei Bleistifte parallel ausgerichtet und nadelscharf gespitzt. Ich hätte kaum gewagt, sie zu verschieben, so ordentlich lagen sie da. Bilder gab es keine hier, durchaus nirgends. Vielleicht hatte er alles verschickt oder mitgenommen, seiner Pariser Ausstellung wegen.

## 3.

Ich hatte mich noch nicht einmal niedergesetzt. Ich stand mit Hut und Mantel. Noch war in mir der Eintritt, der erste Andrang und Eindruck, der uns viel mehr betritt als wir selbst den Raum, in welchen wir treten. Die Bleistifte etwa hatte ich noch gar nicht bemerkt. Es roch nach Lack und Terpentin. Ich war vorher in dem Schlafraum nebenan gewesen. Beim weißgestrichenen Metallbett gab es einen ganz niederen, aber breiten hellblauen Tisch als Ablage: exerziermäßige Blocks und Stifte in Bereitschaft. Ich empfand Neid. Ich vergaß in diesem Augenblicke vollends, daß ich selbst Besitzer einer stillen und ordentlichen, zur Arbeit und Besinnung sehr geeigneten Wohnung war. Ich sah jetzt nur deren Fußboden vor mir, mit Glasscherben und einer Lache vom verspritzten Soda. Hier stand ich vor einer unsichtbaren Wand von Kristall, als ein durch Verbrechen Verunreinigter: durch das Verbrechen der Zeitvergeudung. Die Monate des Winters, der sich seinem Ende näherte, fielen wie von der Zimmerdecke klotzartig herab auf meine Schultern. In diesem Augenblicke hörte ich ein schweres Röcheln, ein ganz gleichmäßiges, das den Raum erfüllte: hä-hä-hä-hä-hä-hä. Von mir ging das nicht aus. Es war außen. Mir fuhr der Schreck in die Brust wie ein durch den Mund hinein gestoßener Stock. Es war außen. Ich wandte mich gegen die Lüftungsklappen. Ein Bahnpfiff ertönte, das Röcheln schwieg. Jetzt erst faßte ich auf, daß ja der Bahnhof sich hier unten am Strome befand; es war eine Verschublokomotive gewesen. Ich zog rasch einen Sessel herbei. Ich erkannte zutiefst, daß ich – hatte ich gleich seit längerem keinen Tropfen alkoholischen Getränks zu mir genommen – völlig versoffen und verblödet war. Man kann wohl seinen Lastern einen Tritt geben und sie verabschieden, nicht aber den Zerstörungen, die sie angerichtet haben. Ich biß die Zähne zusammen, die Tränen traten mir in die Augen. Dann sagte ich laut ein einziges Wort. Es hing unter dem Deckenlicht für eines Augenblicks Länge, dann platzte es und erfüllte leicht hallend den Raum. Ich sagte: Rambausek.

4.

Nächsten Tages unten am Ufer. Den Strom verschließt der Nebel. Soweit man noch blicken kann, sieht man die rasche Bewegung des Wassers. Die Nebel-Leere steht still. Es rauscht im Innern des Wracks, das schon nach außen zerfällt. Der Vordersteven liegt tief im Wasser; bei niedrigerem Stande schnitt er noch schneidig heraus. Die schwarze, hohe, schiefe Tüte des Rauchfanges ruft noch immer über den Strom: letzter, in der Luft hängenbleibender und dann erstickter Dampfpfiff. Aber die Breite des Stroms wird damit nicht mehr eröffnet. Der Nebel wattiert alles ab.

5.

Ich kam dorthin oft in jenem Nachwinter, und den Frühling hindurch. Ich betrachtete das Schiffswrack immer genau und lange. Jetzt, bei Nebel und Trübnis, spielten keine Kinder hier. Doch vierzehn Tage oder drei Wochen später waren sie wieder erschienen. Ich wandte ihnen den Rücken und kümmerte mich nicht um sie. Niemand beachtete mich. Ich betrachtete den geborstenen Schiffsleib und sah über den Strom. Der Blick lag jetzt frei bis zum anderen Ufer. Alles war grau, herüben, drüben. Das Wasser zog eilig. In neutraler Stille hing die Zeit zwischen Winter und Frühjahr, wie zwischen Tod und Leben. Mir ekelte fühlbar vor dieser Leere hier, die mir nichts sagen wollte. Ich ging und blieb weg. Als ich nach vierzehn Tagen doch wiederkam – in irgendeiner Weise verhielt ich mich ja diesem Stromufer gegenüber wie ein Säufer zum Wirtshaus, das er gern meiden möchte, wenn er nur könnte – als ich nach vierzehn Tagen, oder nach längerer Zeit, also wiederkam, war Sonne und Windstille; das Wasser blau, die Berge geklärt. Die Kinder schrien. Ich erblickte vereinzelte winzige, smaragdgrüne Punkte auf dem Deck und den Aufbauten des Wracks: erstes Grün auf angeflogener Erde. Ich sah lange auf diese heftig leuchtenden Punkte zwischen sonst grau-verrotteten Farben. Als ich mich zum Gehen wandte, kamen fünf Personen in einer Reihe, drei Frauen und zwei Männer, die mich grüßten und den Schritt verhielten. Ich blieb stehen. Jetzt waren wir beisammen.

## 6.

Freilich erkannte ich nur Rambausek, der mich sogleich mit seiner Frau bekannt machte, einer eigentlich beachtlich hübschen, wenn auch für mich ganz nichtssagenden bräunlichen schlanken Person. Das andere Ehepaar begrüßte mich ohne weiteres: den Mann hatte ich wohl in der Schenke schon irgendwann gesehen, die Frau sicher noch nie; dennoch redete sie mich gleich mit «Herr Doktor» an. Man wird gekannt, ohne zu kennen, jeder wird gekannt, niemand weiß, wie vielfach er gekannt wird (es ist unheimlich). Dieser Frau gegenüber war ich sogleich fassungslos; sie stellte mich nun mit deutlicher Nennung meines Namens der Schwester ihres Mannes vor; das war also die «Tante»: ich erfuhr, daß ihre kleine Nichte jetzt im Frühjahr wieder bei ihr heraußen wohne. Diese ganze Gesellschaft mit – Rambausek war mir vollends unbegreiflich. Sie hatten von ihm erpreßt, jetzt gingen sie mit ihm und seiner Frau hier spazieren. Vielleicht erpreßten sie noch immer, vielleicht erpreßten sie laufend. Den Vater und die Tante der Kleinen konnte ich überhaupt nicht in diesem Zusammenhange unterbringen, es waren Individuen ohne jedes eigentliche Aussehen, sie schienen aus einer längst unerkennbar gewordenen Substanz gemacht, die in Gassen und Treppenhäusern der Vorstadt emulsioniert schwebt. Aber, man merke sich's: diesen Kleinbürgern ist schlechthin alles zuzutrauen; vorn haben sie kein Gesicht, und im Hinterkopf eine Mördergrube, oft auch ein von Bosheit tolles Affenhaus. Ich hörte, daß die Kleine nicht hier an der Lände herumspiele, sondern in der Handarbeitsstunde sei. Es erleichterte mich. Die Mutter, neben welcher ich jetzt dahinging, genügte mir. Sie wandte mir ihr Gesicht und ihre volle Aufmerksamkeit zu. Sie schien mir jedes Wort gleich vom Munde zu nehmen. Sie sah aus wie das Wrack ihrer Tochter, jedoch war dieses Wrack allenthalben mit frischem Grün bewachsen. Stark leuchtende, trompetengelbe Kürbisblüten über einem Mist- und Scherbenberg. Unter ihren – übrigens bescheidenen – Kleidern machte ihr Körper seine Aussagen einzelweis gesondert und hervorgehoben: ein hoher Busen, nein, man müßte sagen: zwei hohe Brüste; und so war alles, rechts und links, oben und unten, vorn und rückwärts. Wir unterschritten den Bahnkörper und trennten uns also vom Strome. Und hier, auf der Straße, war es, wo uns – nämlich Frau Jurak und mich – plötzlich alle anderen verließen: der Mann, die Tante, das Ehepaar Rambausek. Ich hatte erklärt, daß ich keinen Wein trinken wolle, und war hierin von der Jurak sekundiert worden; jedoch schienen es die anderen eilig mit dem Trinken zu haben, und das allen Ernstes. Herr Jurak sagte ganz beiseite und halblaut zu mir, daß er mir recht sehr dankbar wäre, wenn ich seine Frau ein Stück des Heimweges begleiten wollte, vielleicht bis zur Straßenbahn. Wir lachten einen Augenblick, in sozusagen männlichem Einverständnis. «Nicht zu viel, Karl!» rief sie ihm noch nach. Er winkte lachend ab und verschwand mit den andern bergauf. Frau Jurak und ich wandten uns auf den Weg.

## 7.

Zehn Minuten später saßen wir im verstecktesten Winkel eines Cafés beisammen, das sich hier an dem Platze befand, wo sie hätte einsteigen müssen, und zwanzig Minuten später waren wir beim dritten Glas Wein. In irgendeiner Weise begannen wir sozusagen gleich vom ersten Augenblicke an zu exzedieren, und die Nähe ihrer breiten Schenkel und sonstigen aus- und einladenden Körperplastik provozierte bei mir alsbald die kräftigsten Quetschgriffe. Sie ließ meine unzweideutige und recht ordinäre Hantierung ohne jeden Widerstand oder Widerspruch geschehen, ja, sie schenkte dem nicht die allergeringste Beachtung und redete mit mir vom Wetter, während ich die linke ihrer schweren Brüste in der Hand wog. Ihre Augen waren die der kleinen Tochter: zu weit offen, zu weit geschlitzt, zu feucht, gleichsam glitschig. Ich erkannte erst spät, daß mir die Frau im Trinken weit überlegen war, ich hatte das in keiner Weise erwartet, und hinzu kam, daß ich gegen den Wein überhaupt Widerwillen empfand. Zuerst hatte ich wohl, gleichsam vorstoßend, nach dem Weine gerufen; nun aber kam sie ihrerseits in Zug, und ich bekämpfte die Literflasche auf dem Tische schon beflissen, indem ich ihr unausgesetzt eingoß: und sie stimmte dem zu. Das Gehaben der Frau Jurak aber wurde bei alledem eigentlich um nichts lebhafter. Sie saß auf ihrem breiten Fundament, ließ sich ohne weiteres küssen, wehrte keinerlei Hantierung ab und trank. Als der Liter gar war, brach sie jedoch eilig auf. Wir fuhren in die Stadt, und ich ging bis ans Haustor mit. Mir war nahezu übel vom Wein (wieder heimgelangt, erbrach ich mich dann). Sie verschwand im Flur. Da stand ich als ein Fremder in meinem eigentlichen Wohnviertel, vor dem Haustor hier neben der Schenke. Wir hatten kein Wort darüber gesprochen, ob und wann wir uns wiedersehen wollten.

## 8.

Nachdem ich daheim über der Muschel erbrochen hatte – was glatt und sauber abging, denn ich war ja keineswegs betrunken – setzte ich mich auf Roberts Bett, neben dem niederen hellblauen Tischchen. Mir war, als hätt' ich diese Wohnung besudelt, einen höchst ehrenwerten Ort, weil es anständigere vier Wände als die eines Künstlers nicht geben kann: das vornehmste Palais ist dagegen eine Trödelbude. Dabei gedacht' ich ja, es noch weiter zu treiben: schon stellte ich mir die Jurak hier vor, wackelnden Hinterteiles, den Mund voll dümmster Fragen. Nein, es sollte nicht sein. Es sollte in meiner eigenen Wohnung sein, die ich nun merkwürdigerweise wieder vor mir sah, wie sie heuer im Winter gewesen, mit Glasscherben und Lachen vom verspritzten Soda: es war als blicke ich auf den Grund meines Elends; und doch war es nicht der Grund, die Grundursache. Ich vermocht' sie nicht zu ergraben. Meine Arbeiten waren längst wieder voll im Gange. Die materielle Lage beruhigend. Draußen, im Westen (ich stellte mir das Ausland jetzt als ein jenseits des Ortes Eichgraben gelegenes Gebiet vor, darin einzelne Stellen intensiv grün leuchteten, flächenhaft, wie auf einer Landkarte) – draußen im Westen also stand das Erscheinen eines umfänglichen Werkes, von dem ich wohl einige Ehre erwarten durfte, unmittelbar bevor. Hier aber lebte ich, vor der Stadt, in einer zweifellos reizvollen und dabei vertrauten Gegend und Umgebung, wo ich einst durch mehrere Jahre gewohnt; und, seltsam, gerade darum, jetzt wie ein Fremder im eigenen Hause; und als ein Fremder auch war ich gestern abend in meiner eigentlichen Wohngegend gestanden, bei leichter Übelkeit, vor dem Haustore der Jurak. Nein, ich fand nirgends mehr Grund, ich war nirgends mehr daheim. Der Fußboden schwamm wie ein Floß auf der Flut von Angst, und eben gestern war auch noch die Jurak zu mir auf dieses Floß gestiegen. Es nützte mir nichts, wenn ich mir sagte, daß eine vorteilhafte Lage klar aufgefaßt sein will, ganz wie eine schöne Landschaft, in der man auch nicht zerfahren herumstreunen soll. Schlichthin gesprochen sehr gute Lebensverhältnisse können geradezu bedrückend wirken, wenn in der innersten Kammer des betreffenden Lebens die Tugend fehlt, sie auszufüllen und, schließlich auch, sie zu nutzen.

## 9.

Mit einem Ernste, einer Versenkung und Verbohrtheit, die außerhalb solcher Befangenheitszustände freilich ganz unbegreiflich und mit ihrer ganzen Unangemessenheit wirken, dachte ich darüber nach, daß doch dort unten, am Schiffswrack, ein Sumpfgeruch niemals war zu spüren gewesen; wie denn auch? Dort rauschte, floß und zog das Wasser eilig. Dennoch, der Sumpfgeruch war da, sobald ich daran dachte. Als habe man dort etwas heraufgeholt, heraufgefischt, heraufgehoben, wie Gerümpel vom Grund eines Teichs, zerbrochene Schirmgestelle, einzelne Stiefel – verschlammtes Gerümpel, durchsetzt von organischer Substanz, nach Schlamm riechend, wie's da herauf und heraus kam, keineswegs rumpelndes Gerümpel, dazu war's viel zu feucht, schlitzig, glitschig, gleitend, triefend; das Wort Gerümpel aber läßt an Dachbodenkammern denken, die doch allermeist ganz trocken sind. Diese Reste hier waren naß, viel zu naß. In solche Bilder also versank ich durch Minuten, auf Roberts Bett sitzend, neben dem hellblauen Tischlein. Robert war weit jenseits Eichgraben im Westen, er war in Paris. Jetzt hörte ich wieder schwach die Verschublokomotive keuchen. Die eine der Lüftungsklappen nebenan war hochgeschlagen, und die Tür ins Atelier stand offen. Wie traulich war es hier; wie furchtbar traulich und traurig. Solchen Bangigkeiten wär' ich früher einmal, aus meiner eigentlichen Wohnung, vielleicht hinab in die Schenke entronnen; und hier in der Gegend gab es noch viel behaglichere Weinstübchen dieser Art, welche ich alle von früher her kannte. Aber, obwohl ich nicht nur diesen Abend, nach dem Zusammentreffen mit der Jurak, derart angstvoll hier verbracht hatte, auf Roberts Bett sitzend neben dem hellblauen Tischchen: ich kam gar nicht auf den Gedanken, auszugehen. Mir konnte der Wein nicht helfen.

## 10.

Seit meiner Übersiedlung war ich nicht mehr in meiner alten Wohnung gewesen. Brauchte ich etwas, schickte ich die Aufwärterin, welche zudem in meinem Auftrag die erforderlichen Zahlungen leistete. Auch Manuskripte und Bücher vermochte sie im Bedarfsfalle dort richtig auszuheben und herbeizubringen; infolge meiner gerade in jenen Jahren schon bis zum Übel entwickelten Pedanterie stand alles, was zum Handwerk gehörte, numeriert. Übrigens waren, seit ich die Frau zum letzten Male hingeschickt, mehrere Wochen vergangen. Nunmehr, und seit neuestem, begannen sich meine Spaziergänge in meine alte Gegend zu erstrecken, allerdings ohne daß ich mein eigentliches Wohnhaus betrat. Auf jenen Gängen – jetzt waren es immer auch Straßenbahnfahrten – bildete zunächst eine Art Zwischenstation der Stadtteil ‹Liechtenwerd› (man nennt ihn auch heute noch so). ‹Liechtenwerd› hatte ich seit neuestem sozusagen entdeckt. Ich mied das Wrack, und ging dafür jetzt hierher. Ein Platz mit weiter Aussicht, wo ich ein kleines Café fand, lag etwa auf halbem Weg zwischen meiner alten und meiner neuen Wohngegend. Hier blieb ich zunächst hängen; und im Fortgehen von daheim, nach Tisch – um diese Zeit pflegte ich mir immer Bewegung zu machen – waren der Liechtenwerder Platz und das kleine Café mein sozusagen deklariertes Ziel (über das ich allerdings bald hinausschoß). Man sah hier von erhöhtem freiem Standpunkte weithin über fast unabsehbare gedehnte Bahnhofsanlagen, auseinanderstrahlende Gleisbündel, Schuppen, Waggonreihen, die in ferner Besonnung wie Zeilen roter Würfelchen wirkten, ausgestoßene Dampfballen geduldiger Verschubmaschinen, dahinter von Rauch und Dunst verschluckte Teile der Stadt gegen den Strom zu; alles das wie gegurtet und wie zusammengehalten von den querlaufenden Viadukten einer Hochbahn. Es war im ganzen ein gewaltiger Ausblick, eine Art artifizieller Landschaft, hingedehnt wie eine natürliche, ein schwerer Akkord vom Ernste unserer Zeit, unsere Gesamtlage, oder wie man es sonst nennen will. In dem kleinen Café aber saß ich wirklich versunken und vergraben, losgelöst von allem und jedem, insbesondere von meinen beiden Wohnbasen, der draußen am Strome, der drinnen in der Stadt.

## 11.

Dennoch, lang währte es nicht, und es saugte mich gleichsam dort hinein. Ich strich durch die Gassen meines Viertels. Der erste Bekannte, welcher mir dort begegnete, war der Doktor Pretzmann. Er kam auf dem Gehsteig unweit der Schenke in gemächlicher Art daher, seine schöne dicke gelbe Ledertasche in der linken Hand schwingend. «Die alte Frau ist übrigens gestorben», sagte er, nachdem wir uns begrüßt hatten. «Um des Himmels willen, von wem sprechen Sie?!» rief ich. «Von der Freundin Ihrer Hausfrau, Ihrer lieben Frau Ida.» «Ach so –» sagte ich, «die mit dem kranken Bein?» «Na, das war nur akzessorisch», bemerkte er beiläufig. «Ihre Frau Ida ist im Herbst und Winter von der Sache sehr mitgenommen worden, sie hat ja auch durch nahezu zwei Monate jede Nacht bei der Patientin verbracht, auf meine Anordnung übrigens; eine Krankenschwester wurde stets hartnäckig abgelehnt; am Schluß haben wir die Patientin dann endlich auf die Klinik gekriegt.» «Erlauben Sie mir, Herr Doktor, dann wußten Sie also damals ... nun, als wir in das Zimmer eindrangen, daß Frau Ida gar nicht darinnen war?!» «Natürlich wußt' ich das», sagte er träge. «Sonst hätt' ich das Ganze doch nie zugelassen: die Folgen wären ja, na, sagen wir: unvorstellbare gewesen; im übrigen wußten es alle, mit Ausnahme von Ihnen natürlich ... ich muß dort hinüber», setzte er hinzu und deutete gegen ein Haus auf der anderen Straßenseite. Wir verabschiedeten uns voneinander.

## 12.

Ich ging langsam die Straße hinab. Den Doktor Pretzmann hätt' ich wohl einiges zu fragen gehabt ... er war allzu rasch wieder verschwunden. Ich mußte in diesem Augenblick zwei Erkenntnisse vollziehen, beide wie schmerzhafte tiefe Schnitte, die ich mir selbst beibrachte. Einmal erstens, daß, wer mit den Dingen des Geistes zu tun hat, an dem Auftreten von Lastern und dem Platzgreifen von unerlaubten Freiheiten zu erkennen hätte, daß er sich längst außerhalb seiner selbst befinde – während die anderen hiezu ihren Boden solchermaßen nicht verlassen müssen – daß er also unter seinen Genossen immer der Dümmste sei; zweitens, daß ihn, um ein solcher Genosse überhaupt zu werden, bereits weitgehende Verblödung umfangen müsse, kurz, daß er nur stürzend das sein oder tun kann, was die anderen stehend vollbringen. Die außerordentliche Verblödung, in der ich mich befunden hatte und wohl noch immer befand, illustrierte sich aufs deutlichste durch den Umstand, daß ich gar niemals auf den sehr naheliegenden Gedanken gekommen war, mich zu fragen, wo sich die herzige Frau Ida in der kritischen Nacht eigentlich aufgehalten habe. Die Antwort auf diese von mir gar nicht gestellte Frage aber hatte mir eben jetzt erst der Doktor Pretzmann erteilen müssen. Wer sein Pfund vergräbt, behält nicht einmal dieses eine. Die anderen wissen es zu finden, graben es aus und spielen damit Fußball. Unerbittlich sind des Lebens Mechanismen. Als ich so weit in Gedanken gelangt war, und im Gehen bis zu dem kleinen Café, wo ich einst mit Rambausek gesessen, begegnete mir Frau Jurak.

## 13.

Sie wolle hinausfahren, sie habe der Kleinen versprochen, draußen an die Lände zu kommen und sie vom Spielen abzuholen; jedoch müsse sie jetzt noch in ihre Wohnung, um die Einkäufe – sie wies dabei auf eine Tasche von Linoleum – abzulegen; ob ich auch hinauszufahren gedächte? Nun gut, ich möge mich ein wenig nur an der Haltestelle gedulden, sie käme bald wieder. Damit enteilte sie und war in sehr kurzer Zeit bereits zurück. Auf halbem Weg blieben wir hängen und saßen zwanzig Minuten nach unserer Abfahrt sozusagen schon knietief in dem kleinen Café am Liechtenwerder Platz. Auch hier hatten wir einen einigermaßen gedeckten Platz im Gewinkel beziehen können; jedoch wurde das kleine Lokal jetzt immer häufiger von neuen Gästen betreten – meist älteren bescheidentlichen Männern – die sich aber darin nicht aufhielten, sondern hindurchgingen und nach rückwärts verschwanden, offenbar in ein Nebenzimmer oder eine Art Klubraum. Ich fragte den Kellner, als er unseren Liter brachte, und erfuhr, daß dies ein Verein von Markensammlern sei, der hier allwöchentlich seine Sitzung und geschlossene Tauschveranstaltung abhalte. Immer kamen noch Nachzügler. Durch die Vorbeigehenden war ich gezwungen, mich halbwegs anständig zu benehmen, wußte aber durchaus nicht, was ich neben dieser Frau – wieder trank sie zügig – ohne ein unanständiges Benehmen noch tun konnte und überhaupt zu suchen hatte; der Aufenthalt konnte nur schweinshalber und anders überhaupt nicht legitimiert werden. Dieses aber wurde mir augenblicklich etwas allzu klar, es stand wie ein Knochen aus der Situation hervor, die drum herum erschreckend magerte. Während ich das nicht mehr abweisen konnte, wurde mir, bei einem Blick durch die große Fensterscheibe, sehr deutlich, daß wir schon tief im Frühling standen, nah seinen raschen Hitzen. Die draußen jetzt durchbrechende Sonne ließ das hellgrüne Laub dreier Bäumchen auf dem Platze wie gefärbtes Papier starr und heftig aufleuchten und zerspaltete dahinter die Rauch- und Nebelmassen über dem Bahngelände, so daß ferne Einzelheiten und rostrote Waggonreihen da und dort leuchtend aus dem Dunste tauchten. Da die Markensammler sich ja nunmehr vollzählig versammelt zu haben schienen, entwich ich dem öden Strande meiner augenblicklichen Lage durch einige Handgreiflichkeiten, die in einer mir schon bekannten Weise hingenommen wurden. Indessen, da kam noch einer vorbei, ein spätes Vereinsmitglied. Da die Jurak mit dem Rücken halb gegen den Durchgang saß, bemerkte ich ihn früher; aber wir fuhren doch etwas plötzlich auseinander. Es war Rambausek. Als er um die Ecke verschwand, wurde die Tatsache jedoch ein wenig weicher, als Tatsachen sonst sind: es hätte Rambausek gewesen sein können. Nacheilen war unmöglich, zudem schon versäumt. Nun hatte es mich also erwischt. Nun saß er mir wie eine Wäscheklammer im Genick. Ich hing da. Als nicht ganz sauberes Hemd. Solchermaßen unliebsam verwandelt, konnt' ich mit der Jurak nicht mehr handgemein werden. Wir brachen denn auch bald auf. Der Nachmittag neigte sich. Der Liter war ausgetrunken.

## 14.

Mein Grimm gegen Rambausek wurde bodenlos. Was hatte dieses Tier in dem kleinen Café am Liechtenwerder Platz zu suchen? Was hatte er überhaupt Marken zu sammeln! Oder kroch er mir nach? Wenn er versuchen würde, mich zu pressen – ich würde ihn schon meinerseits zu pressen wissen, und wie mit Daumenschrauben! So dachte ich die unsaubersten Sachen; und daß ich ihm das Markensammeln schon noch austreiben würde, diesem Biest, und seine sonstigen ‹Liebhabereien› dazu! – Wir waren nun draußen angelangt, verließen die Straßenbahn und querten den Platz gegen die Lände am Strom zu. Wir unterschritten den Bahnkörper. Jetzt eröffnete sich der Blick über die mächtige Breite des ziehenden Wassers; es eilte, es eilte uns entgegen und an uns vorbei. Wie ein scharfer Bläserton aus dem Orchester steigt, so war hier das noch vor kurzem nur stellenweise aufleuchtende helle Grün fast zur Dominante gestiegen, ja, es schwoll allenthalben in der schrägeren Sonne zu einem stehenden Orgelpunkt von Grün und Gold. Schief schob das Wrack seinen toten Schlot gegen das Himmelsblau und die webende Sonne. Neben mir die Jurak begann plötzlich zu rennen: das war kein spaßhaftes Entgegenlaufen – dem Mäderl etwa – ihr Hinterteil machte angestrengte und heftige Bewegungen, wie die Kruppe eines

Pferdes, das man in den schärferen Galopp hetzt. Zugleich hatte sie mich ja, ohne auch nur ein einziges Wort zu reden, in der abruptesten Weise hinter sich gelassen, sozusagen als völlig gegenstandslos.

## 15.

Aber auch ich begann jetzt zu laufen, nicht, um bei der Jurak zu bleiben, sondern weil ich nun gleichfalls erfaßt hatte, daß auf der Uferstraße, beim Schiffswrack, ein Ambulanzwagen stand, neben welchem ein Menschenknäuel hin und her schwankte, der durch Augenblicke so aussah, wie ein aus dem Wasser gestiegenes dunkles Ungetüm. In diesem Knäuel, in dessen Mitte man mit irgend etwas Hellem herumfuchtelte, war die Jurak bereits verschwunden. Nun kam auch ich heran. Man hatte der Kleinen, die beim Herumklettern am Schiffswrack durch eine der Spalten ins Innere und in den Schiffsbauch sozusagen eingeschluckt worden war – herausgezogen hatte sie mit Lebensgefahr eben noch rechtzeitig niemand anderer als Rambausek – jetzt die nassen Kleider heruntergerissen und frottierte sie kräftig. Die sogenannten Wiederbelebungsversuche waren bei ihr glücklicherweise nicht nötig (wohl aber bei Rambausek, der rückwärts ausgestreckt auf dem Damme lag und mit gleichmäßigen Bewegungen unter Anleitung des Arztes gymnastiziert wurde, «beturnt» könnte man auch, mehr zeitgemäß als schön, sagen). Die kleine Jurak hatte längst aufgehört, Wasser zu erbrechen, doch stand ja bei beiden Verunglückten die Gefahr einer Lungenentzündung – noch war der Strom sehr kalt – fast unmittelbar vor der Türe. Man verlud das Mädchen, die Mutter durfte zum

Unfallkrankenhause mitfahren; die Ambulanz sollte gleich wieder hierher zurückkehren, um dann Rambausek mitzunehmen, falls die Wiederbelebungsversuche Erfolg haben würden. Denn Tote gehen die sogenannte «Rettung» nichts mehr an.

## 16.

Er hatte, sofort entschlossen nachspringend, die Kleine, welche schon im Begriffe war, das Bewußtsein zu verlieren – wohl auch vor Schreck – mit äußerster Anstrengung zwei Polizisten heraufreichen können, die eben im Sturmschritt das Wrack enterten: durch denselben Spalt, welcher sie verschlungen, kam die kleine Jurak alsbald wieder ans Tageslicht. Jedoch Rambausek verlor durch das Gewicht des Mädchens im Schlamm den Stand und wurde von dem gurgelnden Wasser in die Finsternis gerissen. Zu seinem Glücke waren hier gleich zwei tapfere Männer als Retter bereit; sie warfen sich denn auch unverzüglich ihm nach; aber erst nach einigen Minuten gelang es ihnen, Rambausek überhaupt zu finden, weil er beinah zur Gänze schon versunken war; hätten sie nicht ihre elektrischen Taschenlampen gehabt, wäre das Unternehmen aussichtslos gewesen. Nun endlich stemmten sie den tief Bewußtlosen zu zweit empor und brachten auch sich selbst mit schwerer Mühe wieder in Sicherheit. So lag denn Rambausek am Ufer ausgestreckt. Seine Arme wurden rhythmisch bewegt. Noch gab er kein Lebenszeichen.

## 17.

Ich setzte mich in seiner nächsten Nähe nieder und betrachtete ihn, soweit mir die um ihn beschäftigten Sanitätsorgane nicht den Blick verstellten; seinen Kopf konnte ich jedoch gut sehen. Er enthielt alles; der Körper war nur ein wurmartiges Anhängsel. Was hier auf dem Uferdamme lag, war eine langhingestreckte Nase, zipfend und von jenem Ernst erfüllt, welchen die Dummheit stets über ihre widerlichen Heimlichkeiten breitet. Diese Nase war zu einer ganz wesentlichen Interpunktion meines Lebens geworden; und mit ihr schloß, unter anderem, auch ein Aussagesatz, der als Subjekt den Eigennamen Jurak enthielt. Mit jener Nase aber hatte der Mann begonnen, in mein Leben einzudringen, sie war als Vorderstes darin erschienen, nicht erst im halbdunklen Hausflur, sondern viel früher schon, in der Schenke. Sie bedeutete gleichsam den Henkel des Phänomens Rambausek, an welchem es zu ergreifen gewesen wäre, mittels welchem es von vornherein hätte zusammengefaßt und erledigt werden können. Dies war unterblieben, ich hatte statt dessen Kniebeugen ausführen lassen, der Rutsch war dann nicht mehr aufzuhalten gewesen, die Posaunen von Jericho ebensowenig wie das Geknatter der Pistolenschüsse.

## 18.

Jetzt aber schoss bei mir ein, was bezüglich war, und der wirkliche und wirksame Schlüssel der Situation glühte und erstrahlte: wir nehmen ihn freilich immer aus der Vergangenheit, nur sie allein vermag uns das Tor der Gegenwart aufzusperren. Ich sprang um Jahre zurück, mit einem Platsch und Knall mitten in meine Jugend. Es war eine einsame, ja völlig leere Gasse gewesen, durch welche, auf dem drüberen Bürgersteig schreitend, ein elegant gekleideter Mann um die dreißig, also gleichen Alters wie ich, mit dämlicher Miene seinen außerordentlich entwickelten Vollbart dahintrug. Hier nun geschah ein Fall apriorischer Kurzerledigung, eine sozusagen von vornherein erfolgende epigrammatische Zusammenfassung des auftretenden Phänomens, anschaulich zudem durch die Sprache der Tathaftigkeit. Und hier wurde deutlich, daß alles Leben nur deshalb immer weiter verläuft, weil wir zu seiner umfassenden Definition nicht fähig sind, auf welche es doch unerlöst wartet; wir aber, stammelnden Mundes, unfähiger Hand, zwingen es, sich weiter zu wälzen, von einem dicken Chronikband in den anderen. Nun aber wartete es einmal nicht vergebens, und wenigstens auf schmalem Segmente ward seinem Anruf unverzüglich volle Folge geleistet. Ich kreuzte die Gasse schräg, näherte mich von halb rückwärts dem Bärtigen, und im Überholen ergriff ich denn machtvoll den Bart, mit ganzer Hand, schloß sie zur Faust, und erteilte einen kurzen, jedoch überaus kräftigen Riss nach abwärts, der den Bärtigen stolpern machte. Damit passierte ich ihn, und schon wurde mein Rücken viele Quadratmeter hoch und breit, eine fugenlose, aber entschreitende Mauer glatter Ablehnung, völligen Unbeteiligtseins, absoluter Sicherheit: in einer solchen befand ich mich tatsächlich. Der Bartriss hatte für Augenblicke zwischen mir und dem umgebenden Leben eine breite Randkluft eröffnet, über welche niemandem zu springen möglich gewesen wäre; und hätte es gleich einer versucht: vom archimedischen Punkte, auf dem ich stand, wär' es mir ein leichtes gewesen, ihn zu Fall zu bringen. Aber hinter mir blieb es völlig still. Und ich ging davon. Wäre es aber nicht still geblieben: mein höfliches Erstaunen allein hätte jeden Protest vernichtet. Ich wäre auch ohne weiteres, ja bereitwillig, und nicht ohne Geflissentlichkeit und eine gewisse vorsichtige Wichtigtuerei, mit dem empörten oder gar vor Wut tobenden Bartträger auf die nächste Polizeistation gegangen, um dort noch höflicher und noch viel erstaunter mich zu verhalten; und so hätte ich – etwa durch eine geflüsterte beiläufige Seitenbemerkung zu einem Beamten – den am Barte Gerissenen, und gerade angesichts seiner eigenen hochschwellenden Wut, sicherlich am Ende in die Hände der Psychiater geliefert, deren Kunst ja bekanntlich darin besteht, einen Gesunden, dessen sie habhaft werden können, nunmehr ad hoc verrückt zu machen, so daß ihr Gutachten am Ende doch recht behält.

## 19.

Anders aber wäre der Bart in mein Leben gedrungen, ganz ebenso wie es der hier vor mir liegenden Nase gelungen war; und vielleicht noch schlimmer; daran zweifelte ich auch heute keineswegs. Wer weiß, ob die Sachen nicht bis zu einer haarigen Durchwachsung meines ganzen Seins gediehen wären, zu einer Art Bartinfiltration: oder bis zur Entstehung einer riesigen Bartflechte; oder wäre ich etwa selbst in irreversibler Weise ganz außerordentlich bärtig geworden? Jedoch, die epigrammatische Faust – unsere einzige wirkliche und dauernd wirksame Waffe gegen die Menschen – hatte alles Übel im voraus zusammengefaßt und mit einem kraftvollen

Ruck erledigt: ich brauchte es nicht mehr zu leben. Diesen da, Rambausek, aber hatte ich leben müssen. Kein Nasenriss war erfolgt – der doch buchstäblich als ganz unumgänglich auf der Hand gelegen war, ja sich geradezu aufgedrängt hatte.

## 20.

Jedoch, ich war gesonnen, wenigstens jetzt zu begreifen, zu verstehen, und diesem Verstehen auch Ausdruck zu verleihen: um das endliche, wenn auch zu späte und also vergebliche Verstandenhaben ging es mir, um das «intellexisse», ja eigentlich um das Verstanden-haben-Wollen. Eben ließen sie von Rambausek ab. Unverzüglich war ich bei ihm. Ich griff mit der ganzen Hand zu, kniff seine Nase ein, und riss kraftvoll. Im nächsten Augenblick schlug er die Augen auf; schon richtete man ihn ein wenig empor, schon saß er, spuckte, erbrach Wasser und spie es aus. Er fuhr mit den Händen in der Luft herum. Ja, er lebte. Ich verließ sofort die Gruppe, ich überließ ihn dem Arzte, den Sanitätern. Ich ging am Ufer entlang, unterschritt den Bahndamm, ging immer weiter, gegen den Platz zu – wo die Jurak hätte einsteigen sollen – und hier, eben als die Doppelflöte der zurückkehrenden Ambulanz ertönte (die nun einen lebenden Rambausek mitzunehmen, keine Leiche liegen zu lassen hatte!), überflatterte mich Weiches, links, rechts und über dem Hute, ein Gefächel der Luft war um mich und ich sah jetzt, daß ein hinter mir aufgescheuchter Taubenschwarm im Begriffe war, sich über mich hinweg schräg empor in die Lüfte zu schwingen.

## 21.

Bei noch dicht webender abendlicher Sonne gelangte ich heim und fand im Türspalt ein Telegramm Roberts: in einer Woche schon würde er hier sein. Es war hiezu höchste Zeit. Ich gedachte die Wohnung zu räumen; denn schon fühlte ich mich meiner eigenen sozusagen wieder gewachsen oder würdig. Diese hier aber erschien mir wie eine ausgeschossene Patrone: hier war alles getan, nichts blieb mehr übrig. Zudem, in der letzten Zeit hatte es mich oftmals schon vor Tagesgrauen vom Lager an den Arbeitstisch im Atelier getrieben – von wo man weithin über den Strom sah – und ich hatte das Heraufkommen des Tages wieder so erlebt, wie es dem geistigen Arbeiter zukömmlich ist: allen voran in der violetten Morgenfrühe. Nun fiel noch die Infiltration durch Rambausek hinweg, und ich genas am selben Abend und in wenigen Stunden. Jetzt wußte ich, daß ich endlich reisen würde, reisen konnte, reisen durfte: nach Westen.

## 22.

Bei Rambausek sowohl wie bei der kleinen Jurak blieben Komplikationen aus, keine Pneumonie zeigte sich; den ersteren besuchte ich sogar im Unfallkrankenhause, wohin ich schon drei- oder viermal gegangen war, um mich zu erkundigen. Ich saß an seinem Bett, als an einer Art Katafalk der aufgebahrten Nase. Das nunmehr ausgeschiedene Infiltrat lag still auf dem Rücken. Seine Nase schien mir ungefähr so lang zu sein wie das Bett, und was sonst von seiner Person vorhanden war, dünkte mich unerheblich.

Hierin irrte ich mich jedoch. Sein Schweigen wurde urplötzlich sehr beredt und beziehungsreich, ohne daß ein Wort gefallen wäre. Ich hatte meine Hand auf den Bettrand gestützt; er legte, ohne etwas zu sagen, die seine darauf, und dann klopfte oder tätschelte er meine Hand ein wenig; es war begütigend. Wir hatten dieser letzten Interpunktion zweifellos bedurft. Ich ging. In der Straßenbahn noch spürte ich seine Hand auf meiner, die ich jetzt leicht auf die Sitzbank gestützt hatte. Ich befand mich in einem Zustande der Abwesenheit, wie er sich oft mit der Anwesenheit unserer besten Augenblicke verbindet. Das Nachgefühl auf der Hand war leicht und warm, etwa so, als hätte sich da ein kleiner Vogel mit aufgeplustertem Brüstchen niedergelassen. Diese Empfindung, so körperlich werdend, veranlaßte mich hinzusehen. In der Tat lag etwas Leichtes und Warmes auf meiner Hand, nämlich die eines etwa vierjährigen Mäderls, das, zwischen mir und seiner jungen Mutter sitzend, selbstvergessen-staunend durchs gegenüberliegende Fenster sah, wo eben einer jener so außerordentlich hohen Kulissen-Transportwagen der Staatstheater langschwankend vorbeirollte. Ja, die Dekoration wechselt. Hört ihr die Glocke? Ich hatte die meine vernommen, ich wußte, wieviel es geschlagen. Des Kindes Hand blieb einen großen Teil der Fahrt hindurch auf meiner liegen: bei mir rastete ein himmlischer Vogel.

## 23.

Am nächsten Tage, frühzeitig, ging ich die langen Wagen des Schnellzuges nach Westen entlang. Ich fand bequem Platz in einem Waggon zweiter Klasse und trat dann auf den Gang, der links in der Fahrtrichtung lag. In die rauchige Halle glänzte dort vorne ein Tag von Blau und Gold. Ich öffnete das Fenster. Wir glitten hinaus. Diese Strecke geht bis Paris. Bald beginnt sie zu steigen, in schönen Schwingungen. Die Hügel schwingen mit. Die Häuser sitzen an den Hügeln, recht dicht oft. Die Luft greift kräftiger an, auch der Rauch; der Hall des fahrenden Zuges wird heller, ein Waldtal öffnet sich. Wir sind weit. Wir sind vor dem Sattel, den die Bahnstrecke mit zwei Tunnels überwindet. Zweimal spült sich der Berg mit uns den Schlund aus, als ob er aus einem Glase gurgeln würde. Nach dem Gurgeln geht's zügiger mit der Fahrt, schon bergab. Taktart: alla breve, bisher und bergauf ein wenig komplizierter, etwa $^{12}/_{8}$. Das hallt, das eilt: ein Finalsatz. Jetzt muß sich's heben: wozu lebten wir denn, wenn wir nicht wenigstens im Finale frei würden?! Da ist's erreicht: links-rechts sinkt alles ab, verläßt uns, wir steigen wie im Lift, wir sind draußen, drüber, droben: der Viadukt. Eichgraben. O grünes Tal, bald füllen sich die Kronen, der Wälder Schaum, des Hügels ferner Rand. Tief aus meiner Brust, wie aus der innersten Kammer meines Lebens, respondierte auf das rhythmische Schlagen des bergab eilenden Zuges ein grunzender oder röhrender Ton, wie ihn manche Pferde hören lassen, wenn man sie in den Galopp einsprengt oder diese Gangart verstärkt.

# «Es war außen»

## Die Auslagerung des Gewissens in Heimito von Doderers «Die Posaunen von Jericho»

*Von Thomas Melle*

### I.

Es beginnt mit einer Erkenntniskrise der Leser. Denn diese Geschichte verstehen wir auf Anhieb und doch gar nicht. Wir verstehen sie einerseits Wort für Wort, verstehen die Abläufe, Dialoge und Interaktionen, begreifen die Serie impulsiver Exzesse und bizarrer Übergriffe – und verstehen sie andererseits keineswegs, können ihr keinen echten Sinn abgewinnen, können beispielsweise nicht sagen, wie die Entwicklung, die der Erzähler ja eindeutig durchläuft, denn exakt motiviert sein soll. Zu viele Seltsamkeiten werden auf dem Weg mit reichlich Bedeutung aufgeladen, und die Gabelungen sind von befremdlichen, meist körperlichen Aktionen wie Kniebeugen, «Quetschgriffen», «Nasenrissen» und «Bartrissen» markiert. Am Ende scheint der Erzähler befreit und geläutert zu sein, doch wovon? Der «Pfropfen» sei weg, heißt es. Welcher Pfropfen nochmal? Der, versuchen wir uns zu erinnern, welcher doch irgendwie von der «Nase» Rambauseks und dessen «Diffusion» ausging, um dann in einem «Rutsch» des Erzählers hinab in «Fäulnis» und «Fata Morgana» eine handfeste

Lebenskrise auszulösen. Schon gleitet die Lektüre bei der Selbstbefragung in die sehr eigene Metonymik des Textes zurück, eine Grenzverschiebung, die ständig Abstrakta und Konkreta ineinander umrechnet, ohne dass die Gleichung sich auflösen ließe.

Diese unverständliche Verständlichkeit hat Methode. Der Text macht viele und viele brillante Worte um eine Leerstelle; er formiert sich um etwas Ungesagtes, um es ungesagt zu bannen. Diese beiden Strategien – ein Ungesagtes sprechend, schreibend, ja, plaudernd zu umzingeln (um es dann durch die scheinbar selbstverständliche Nähe unschädlich zu halten, *ja, wo soll es denn sein, das Unsagbare?*), dabei Abstraktes ständig in Konkretes und Körperliches umzuwandeln – diese Strategien sind zentral in Heimito von Doderers Texten. Und die vorliegende Geschichte führt beide Strategien beispielhaft und bis zum Exzess durch.

Doderer selbst war von der herausragenden Stellung der Erzählung überzeugt. Auf die Frage nach seinem vollkommensten Werk antwortete er kurz vor seinem Tod: «Dieses Werk heißt ‹Die Posaunen von Jericho› und ist im Jahr 1958 erschienen. Es ist, wenn Sie es so wollen, mein Hauptwerk.» Selbst wenn man Doderers stets schillernde Koketterie abzieht, überrascht diese Aussage angesichts der umfangreichen Romane. Dabei stimmt es: Die *Posaunen* sind auf der Motivebene eigentümlich perfekt durchgearbeitet, neigen aber zu einer wunderlichen Opazität auf der inhaltlichen Ebene. Das macht ihr Faszinosum aus.

## II.

Opak setzen sie auch ein, nämlich im «Halbdunkel». Es beginnt mit einer Erkenntniskrise des Erzählers. Dieser Krise noch nicht gewahr, meint er Zeuge einer missbräuchlichen Handlung an einem Kind geworden zu sein, begangen von einem gewissen Rambausek in einem Hausflur, den der Erzähler «irrtümlich» betreten hat. Er ist also da, wo er nicht hingehört. Opfer, Täter und Tat sind nicht gut zu erkennen, der Tatort sei, bekräftigt er, «schlecht beleuchtet». Der Erzähler – das ist entscheidend, obwohl oder weil er es als Option gar nicht erwägt – greift nicht ein, sondern wendet sich ab, um zu gehen. Und kaum wurde festgestellt, was da geschieht, wird es schon wieder zurückgenommen: «Ungewiß blieb, was ich gesehen und auch, ob wir einander überhaupt erkannt hatten.» Allein die Reaktion, «ein jetzt im Hausflur dahinten hörbares Schreien und Schimpfen», erhärtet den Verdacht.

Ein zweites Indiz scheint für den Erzähler schlagend zu sein, ein Indiz, welches sein Urteilsvermögen unter Gesichtspunkten des *common sense* allerdings desavouiert: die Nase des Täters. Dem Erzähler ist klar, dass «eine solche Nase an diesem allgemein zugänglichen, jedoch schlecht beleuchteten Orte gar nichts anderes tun konnte, als was ihr eben zukam». Was genau, spricht er dennoch nicht aus (das Ungesagte klopft an). Die Nase war ihm schon vorher im Wirtshaus «als obszöne Aussage aufgefallen (...); sie zipfte und schien zu tropfen gewillt». Lässt man die phallischen Konnotationen dieser Beschreibungen außer Acht, lässt man auch den kleinen hermeneutischen Stolperstein des eher ungebräuchlichen Wortes «zipfen» (für: «einen Zipfel bilden») beiseite, so überrascht es doch, dass die bloße Beschaffenheit eines Körperorgans zur Feststellung eines Verbrechens ausreichen soll. Derartige physiognomische Zuschreibungen kennt man eher aus rassistischen Kontexten – oder eben aus Doderers *Merowingern*, wo Leute verprügelt werden, allein weil sie unsympathisch aussehen; von Doderers nationalsozialistischer Verstrickung (das Ungesagte hämmert gegen die Tür) wird noch die Rede sein. Und die Nase wird, wohlgemerkt, nicht als obszönes Ding, sondern als «obszöne Aussage» eingeführt. Der Literaturwissenschaftler Hans Mayer hatte Doderer seinerzeit einen «schlampigen Umgang mit der Sprache» vorgeworfen, und fast könnte man in dieser eigenartigen Crossover-Bezeichnung ein Beispiel dafür sehen. Doch sind solche kategorialen Sprünge, Fehler und Verschiebungen Teil einer größeren Matrix, die Doderer immer wieder aufspannt und bespielt: Diskursives wird darin zu Körperlichem, Körperliches zu Diskursivem, Abstraktes zu Konkretem, Konkretes zu Abstraktem – eine Faust wird epigrammatisch und eine Nase eben zu einer Aussage.

Diese Matrix funktioniert nicht symbolisch, nicht so, wie wir es als Wirkungsweise traditioneller Metaphern und Vergleiche kennen. Etwas steht hier nicht einfach für etwas: die Nase (die später auch noch als «Henkel» fungiert) nicht für die Aussage, die Aussage nicht für die Nase. Sie sind vielmehr auf vertrackte Weise identisch, denn es gibt kein *tertium comparationis* zwischen ihnen. Die Nase *ist* auch semantisch eine Aussage; die Grenzen zwischen gedanklicher und körperlicher Welt werden in einer Art Kategorienkurzschluss gesprengt. Auch rein sprachmateriell sind laufend Verschiebungen festzustellen, etwa beim leicht abgeänderten Gebrauch von Redewendungen, die den Kern der getätigten Aussagen transponieren und etwas anderes aufscheinen lassen als das, was die Phrasen gemeinhin bedeuten. «‹Die Sprache hat eine verflixte Tendenz zu Wahrheit›», zitiert der Erzähler der *Posaunen* den von Doderer als Lehrer verehrten Albert Paris Gütersloh. Keine aufklärerische, keine heilsame Tendenz – nein, eine verflixte. Die Wahrheit scheint ein ungewollter Nebeneffekt der Sprache zu sein.

Angesichts dessen wendet der Erzähler gegenüber Rambausek eine simple Strategie der Gefahrenabwehr an: Er schweigt einfach, «auf diese Weise in ein unzugängliches Territorium zurückweichend».

## III.

Mit der «Nase» sind wir im gewaltigen Reich der Körperlichkeiten bei Doderer angelangt, der physischen Übergriffe und Sanktionen, der Ohrfeigen, Faustschläge, «Bartrisse» (nur einer der vielen Neologismen, die Doderer lustvoll für solche Brachialitäten findet), dem mithin sadomasochistischen Unterbau. *Die Posaunen von Jericho* versetzen diese Übergriffe direkt ins Reich der Moral und des Schicksals, machen sie zu Knotenpunkten innerhalb des «fatologischen Gewebes» der Handlung. Diese Aufladung des Brutalen ins Schicksalhafte zeigt sich vor allem in einer Unterlassung, für die der Erzähler seine gesamte Krise verantwortlich macht: Hätte er statt der auferlegten Kniebeugen den Rambausek gleich an der Nase gerissen, so wäre es zu keiner Krise und keinem «Pfropfen» gekommen. So aber muss er Umwege durch verblödende Besäufnisse gehen, wird Opfer einer selbstverschuldeten Täuschung, verliert sich im Bodenlosen – bis er den

«Nasenriss» schließlich nachholt und dabei, so scheint es, nicht nur dem erstickenden Rambausek das Leben rettet. Ein zweites Schicksalsnetz wird so gewoben, eines, das von rein körperlichen und konkreten Handlungen bestimmt und geknüpft wird, denen für gewöhnlich keine große biografische Bedeutung zukommt. Was diskursiv nicht zu regeln ist, wird im Übergriff geklärt oder verhindert. Es entlädt sich körperlich und ist – so die Setzung der *Posaunen* – damit wirklich aus der Welt.

## IV.

Die Unterlassung hat in der Logik der Erzählung nun eine systematische Abstumpfung und Verwahrlosung des Erzählers zur Folge – das Gegenteil, könnte man sagen, von Sublimation. Wie aus dem Nichts, innerhalb von wenigen Zeilen, nehmen fremde und versoffene Männer Platz in Leben und Wohnung des Erzählers, er befindet sich plötzlich «in schlechterer Gesellschaft (…) als jemals vorher», das «lärmende Unwesen» greift um sich. Ohne ersichtlichen Anlass wird getrunken und gerauft, Waffen kommen «nicht mehr spaßhaft und gutartig» zum Einsatz, das Leben gerät völlig aus den Fugen. Eine Art dadaistischer Übertretung wird geplant – die nächtliche Invasion in das Schlafzimmer der Wohnungsnachbarin, einer älteren Frau, und zwar unter Einsatz dreier für diesen Zweck engagierter Posaunisten. Die Idee dazu wird vom Namen der Nachbarin motiviert: Dieser «vermochte wohl irgendwelche Gedankenverbindungen zum Alten Testament hinüber anzuregen». Dass der gebildete Erzähler, allgemein als «Herr Doktor» angesprochen, sich hier in Ungenauigkeiten flüchtet, wo es sich doch wahrscheinlich einfach um einen jüdischen Namen handelt, spricht vielleicht Bände (vom Ungesagten). «Jemand» spricht dann «das Wort ‹die Posaunen von Jericho›» aus, und der gemeingefährliche Streich steht «unvermutet da, aus irgendeiner unseligen Verbindung hatte es sich ergeben». *Irgendwelche, irgendeiner* – die Tat scheint selbsttätig aus einer unscharfen Anonymität zu emergieren, wird dann aber gleich überhöht und ins Monströse verzerrt: «Es war unser Wort des Unheils», so heißt es raunend über die Wendung «die Posaunen von Jericho», und wieder ist es «jemand», der «schrie: man müsse nun Größe beweisen, über sich selbst hinweggehen, (...) Ungeheures zu tun mit Leichtigkeit bereit sein». Da sieht sich der Erzähler «befangen und wie gelähmt».

Offensichtlich ein Opportunist, dieser Erzähler. Erst greift er bei einem wahrscheinlichen Kindesmissbrauch nicht ein, und jetzt ist er so mürbe und «verblödet», dass er den Schaden vom eigenen Haus nicht abzuhalten imstande ist. So, wie er anfangs scheinbar passiv «in ein falsches Tor geraten» war, so kann er sich jetzt «nur in schwächlicher Weise» widersetzen.

Nimmt man Doderers Tagebuch des Jahres 1936 zur Hand, so wird die hier vorgeschlagene Lesart eines zentralen Ungesagten sehr konkret. Dort findet sich nämlich eine von ihm eingeklebte Zeitungsmeldung, die vom «Deutschen Reichsposaunentag» berichtet, einer Zusammenkunft von viertausendfünfhundert Posaunisten, die «aus allen deutschen Gauen» nach Bielefeld zusammengekommen waren und «die Stadt zwei Tage hindurch mit ihren Klängen» erfüllten. Das Grußtelegramm Adolf Hitlers wird als Anlass der Meldung ebenfalls im Wortlaut wiedergegeben.

Bei einem akribisch arbeitenden Textdesigner wie Doderer, der ganze Schaltpläne seiner Romane und Geschichten entwarf und selbst jahrzehntealte Notizen noch zu verwerten wusste, stellt dieser motivische Zusammenhang wohl keinen Zufall dar. Die Posaunenpassage könnte dann auch als verbrämende Allegorie auf die Verstrickung Doderers in den Nationalsozialismus und seinen Anfang bis Mitte der Dreißigerjahre akuten Antisemitismus gedeutet werden. Es sei in diesem Zusammenhang daran erinnert, dass sein 1956 erschienener Roman *Die Dämonen* auf eine Vorstufe namens «Die Dämonen der Ostmark» zurückgeht, die das Modell einer Apartheid zwischen Juden und «Ariern» propagieren sollte. Seinem Antrag zur Aufnahme in die Reichsschrifttumskammer 1936 legte er eine «Wesentliche Lebensbeschreibung» bei, in welcher er das laufende Romanprojekt als eines empfahl, das die «zerreißende Naht» zwischen Juden und Nichtjuden beschreibe, die er «schon infolge [s]eines reinen Blutes allüberall spürte». So rabaukig und lustig, wie sie scheinen, sind diese Posaunen wohl nicht.

## V.

Im Gegensatz zu den biblischen Posaunen von Jericho, welche die Stadtmauern bekanntlich zum Einstürzen brachten, laufen die Posaunen des Doderer-Mobs jedoch ins Leere: Die Nachbarin ist gar nicht zuhause, der «‹grobe Unfug›», der sogar die Polizei auf den Plan ruft und «langwierige Unannehmlichkeiten» nach sich ziehen wird, hat kein Ziel. Es sei denn dieses: den Erzähler selbst, der schon vorher eine «Verschwörung» witterte, zu täuschen und aufs Glatteis zu führen.

Denn später stellt sich heraus, dass sämtliche der Randalierer von der Abwesenheit der Nachbarin wussten – «mit Ausnahme von Ihnen natürlich», wie ein stets anwesender und verdächtig nüchterner Arzt dem Erzähler später auf der Straße steckt: «... ich muss dort hinüber». Mit beiläufiger Selbstverständlichkeit wird der Erzähler flugs zum ignoranten Opfer gestempelt und sozial geschnitten. Sein leicht paranoider Tonfall, die Unschärfe seiner Wahrnehmungen und die Schwammigkeit der Andeutungen erweisen sich im Rückblick als berechtigt. Fehlinterpretationen des sozialen Gefüges, falsche Koalitionen und Tumbheit haben den Opportunisten in eine trostlose Situation manövriert, gar in einen Schuldkomplex verwickelt, dessen Ausmaß er nicht überblicken kann: «Unerbittlich sind des Lebens Mechanismen.»

## VI.

Ursprünglich, in einer Vorfassung, hieß diese Geschichte «Aus meinem Leben». Die Annahme einer Nähe des Erzählers zu der realen Person Heimito von Doderer wird durch mindestens zwei weitere Details evoziert. Einerseits entspricht die in den *Posaunen* beschriebene Wohnung nach Auskunft von Augenzeugen genau der, die Doderer von 1948 bis 1956 in der Josefstadt bewohnte. Andererseits berichtet unser «Herr Doktor» im Text, dass «draußen im Westen (...) das Erscheinen eines umfänglichen Werkes, von dem ich wohl einige Ehre erwarten durfte, unmittelbar» bevorstünde. Dieses Werk war *Die Strudlhofstiege*, die zum Zeitpunkt der Niederschrift der *Posaunen*, Januar bis April 1951, tatsächlich kurz vor der Veröffentlichung stand. Doderer wird gehofft haben, dass dieser Roman ihm den endgültigen Durchbruch als Schriftsteller bescheren und seinen ewigen Misserfolg, auch eine Art «Pfropfen», endlich beenden würde, wie es ja auch geschah. Mit den *Posaunen* scheint er eine Art kodierter Bestandsaufnahme dessen vorzunehmen, was er eben nicht erzählt hat in der *Strudlhofstiege*, was in seinem gesamten Werk eine Leerstelle bleiben wird – und was in den *Posaunen* auch nicht wirklich erzählt, sondern nur nahegelegt wird.

Auch in der *Strudlhofstiege* steht, inmitten aller Parlandi und Plaudereien, im Zentrum ein Ungesagtes. Nicht nur wird der Erste Weltkrieg, der Hiatus zwischen den beiden Haupterzählsträngen, weithin ausgespart und nur in seinen weit verästelten Konsequenzen für die Wiener Gesellschaft gefasst. Über den Nationalsozialismus (Doderer war der österreichischen NSDAP am 1. April 1933 beigetreten), von dem er sich später mit Hinweis auf seinen «barbarischen Irrtum» distanzierte, und über den Zweiten Weltkrieg, an dem er als Offizier der Luftwaffe teilnahm, ist in seinen fiktionalen Werken nur sehr selten Direktes zu finden. Die *Strudlhofstiege* etwa ist ein einziges, totales Ornament, ein beredter Liebes- und Lebensreigen, innerhalb dessen der opulente Gesellschaftsklatsch so lange simultan und gekonnt auf die Leser einplaudert, bis die kaum mehr wissen, wo sie oder die Figuren sich gerade befinden – und über welchen gefräßigen Abgrund sich das Ganze eigentlich spannt. Innerhalb des ständigen Parlandos aber kommt bei Doderer der Mensch, von zahlreichen Lebensreflexionen und Schicksalssentenzen angespornt, erst zu sich selbst. Klatsch und Fügung liegen hier eng beieinander. Dass ein solches gleichermaßen erratisches wie auch hochkonstruiertes Erzählen (Doderer ging beispielsweise auf den Straßen Wiens mit der Stoppuhr die

Wege ab, die seine Protagonisten im Text zusammenführten, damit die Treffpunkte und -zeiten auch wirklich realistisch seien) in seinem präzisen Zeitbewusstsein auf bestimmte zeitrelevante Komplexe einfach nicht zu sprechen kommt, es sei denn verschwommen allegorisch – diese Auslassung ist vielsagend. Nicht umsonst heißt die Doderer-Biografie seines zeitweiligen Sekretärs Wolfgang Fleischer *Das verleugnete Leben.*

## VII.

Die Leugnung aller Zwecke, die Umwege, die Aberrationen prägen denn auch Doderers Ästhetik, und die tatsächliche Strudlhofstiege in Wien schien ihm hierfür in ihrer fehlenden Geradlinigkeit, in ihrer vielschichtigen und spielerischen Schönheit ein passendes Symbol zu sein. Wir kommen zwar an, aber Zweck und Ziel vertändeln sich im Gehen, und die Form zerstreut den Inhalt mit Genuss. So definierte Doderer auch die an sich funktional-musikalische Form der *Divertimenti,* derer die *Posaunen* das Abschlussstück sind, literarisch wie folgt: «eine streng komponierte, zum Vortrag bestimmte *Erzählung heiteren Charakters,* die nach Möglichkeit die Lesedauer von vierzig Minuten nicht überschreiten soll». Bei den *Posaunen,* in deren Originalmanuskript nicht nur das jeweilige Tempo am Seitenrand vermerkt ist, sondern auch die Minutenzahl («49'») der Vortragsdauer am Ende, geht Doderer mit seinem autonomen Formgedanken noch weiter: Er habe sie als «Konstruktionszeichnung (...) auf ein Reißbrett» entworfen. «Diese verhielt sich dann praktisch dem Leben gegenüber wie ein leeres Gefäß, das man unter die Wasseroberfläche drückt: unverzüglich schossen die Inhalte ein und erfüllten integral die Form.»

Die Inhalte sind dann wohl beinahe beliebig – die Form ist ihnen nach musikalischen Prinzipien vorgeordnet und wird sich ihren Stoff schon suchen. Und tatsächlich sind die *Posaunen* von großartigen (und bisweilen etwas forcierten) Tempiwechseln belebt, und Leitmotive wie Themen werden konsequent und durchaus musikalisch variierend durchgehalten, seien es beispielsweise die «Nase», der «Pfropfen», das Amorphe, Dunkle und die Verdummung als stete Bedrohung für den Erzähler – oder auch die im Text elfmal aufscheinende Farbe Grün, die in ihrer Bedeutung wohl utopisch aufgeladen ist und jenseits der Krisenbewältigung erhofft wird. *Function follows form,* so könnte man Doderer paraphrasieren: «Und ich sagte (...) ja schon, (...) daß für den Schriftsteller vollkommen gleichgültig sei, was er denkt und schreibt.»

## VIII.

Dem Erzähler der *Posaunen* aber, den wir vielleicht unzulässig, aber durchaus zu Recht fast ganz mit Doderer identifiziert haben, ihm kann es nicht gleichgültig sein, was gedacht und geschrieben wird. Zunächst trifft ihn, in einem dumpfen Augenblick der Entfremdung, ein akustisches Signal, das er nicht lokalisieren kann, «ein schweres Röcheln (...): hä–hä–hä–hä–hä–hä. Von mir ging das nicht aus. Es war außen. Mir fuhr der Schreck in die Brust wie ein durch den Mund hinein gestoßener Stock. Es war außen.» Gleich zweimal muss er die Ursache des Schreckens (die sich dann nur als Lärm einer Dampflokomotive erweist) als außerhalb kennzeichnen, muss sie bannen, externalisieren – doch fährt der Horror ihm, sei er noch so weit «außen», dennoch durch den Mund ins Innere, durch das Sprechorgan, die Grenze zwischen amorphem Innenleben und geformtem Diskurs durchstoßend. Das ungebundene Phonem verweist schon auf diese Grenze: «hä–hä–hä». Dann zieht sich die ganze Krise in nur einem Wort zusammen, und der Erzähler spricht es in die Stille: «Rambausek». Der Name eines Umstands, einer verpassten Reaktion, einer Unterlassung, einer vertanen Existenz. Jede Krise, die nicht selbst bewältigt werden kann, sucht sich ihren Sündenbock.

Dass Doderer einen besonderen Umgang mit Eigennamen pflegt, ist schon der *Strudlhofstiege* abzulesen, vor allem jener grandiosen Stelle am Ende, da der Erzähler zwar den Vornamen seines Protagonisten, den er immer nur «der Melzer» nannte, noch immer nicht kennt – aber dessen zukünftige Frau Thea. Thea kennt seinen Vornamen und hat dem Erzähler und uns also etwas voraus, nennt Melzer fast biblisch bei diesem Namen, woraufhin der Erzähler seinen Protagonisten endlich ins wahre Menschsein entlässt: «Servus Melzer, grüß' dich!» Der Roman und seine Figuren werden hier dank eines eleganten Kunstgriffs tatsächlich autonom oder, wie es Doderer in späteren Jahren vorschwebte, «muet», also «stumm»: selbsttätig und mechanisch weiterlaufend. In den *Posaunen* wiederum fällt ein anderer Kniff auf: eine beiläufige Nachträglichkeit der Namensnennungen nämlich. Die Figuren, Rambausek zum Beispiel und später auch Frau Jurak, haben die Szenerie schon längst betreten und dort hinreichend agiert, ihre Namen aber verrät uns der Erzähler erst weitaus später, und dann wie selbstverständlich und nebenbei. Überhaupt wird den Namen (man erinnere sich an den mit dem

Alten Testament assoziierten Familiennamen der Nachbarin) eine besondere Bedeutung beigemessen, und so auch hier: «Rambausek» fungiert plötzlich als eine Art Bannspruch, als Fluch, als Seufzer – und schlussendlich auch als Schuldspruch.

Spaziergänge des Erzählers führen zu einem Schiffswrack am Strom, angesichts dessen er über die morsche Zerfallenheit seines eigenen Lebens reflektiert, bis er dort (zufällig?) der Familie des kleinen Mädchens begegnet, das von Rambausek belästigt worden war. Bizarr erscheint dem Erzähler, dass er diese Familie tatsächlich in vertrauter Eintracht mit ebendiesem Rambausek und seiner Frau antrifft – und dass die Familie den so angesprochenen «Herrn Doktor» offensichtlich kennt. Der Verdacht, dass auch die anfängliche Missbrauchsaktion eine Intrige gegen den Erzähler gewesen sein könnte, vielleicht um ihm das Schweigegeld abzujagen, das er Rambausek ja auch tatsächlich bereitgestellt hat – er wird nicht ausgesprochen, drängt sich aber auf. Wie im Traum vom Rest der Familie alleingelassen, nähern sich Erzähler und Kindsmutter Jurak einander gehemmt-gequält an; es kommt beim Wein zu «Quetschgriffen» in einem Gasthaus; später, zuhause, erbricht sich der «keineswegs betrunkene» Erzähler. Der Körper kennt seine eigenen Reflexe gegen allzu perfide Übertretungen. Einige Tage später begegnen sie sich (zufällig?) wieder, und wieder werden «Handgreiflichkeiten» vollzogen. Ein Mann, der eintritt, wird dabei offensichtlich Zeuge: «Es war Rambausek. Als er um die Ecke verschwand, wurde die Tatsache jedoch ein wenig weicher, als Tatsachen sonst sind: es hätte Rambausek gewesen sein können. (...) Nun hatte es mich also erwischt.» Auch hier wird eine vermeintliche Tatsache sofort nach ihrer Feststellung in bloße Spekulation aufgelöst, um dann wieder umso felsenfester behauptet zu werden. Alles ist unscharf, unsicher, nicht in die Welt der Fakten zu überführen, im wörtlichen Sinne nicht dingfest zu machen. War Rambausek am Anfang der Erzählung vom Erzähler «ertappt worden», so hat es nun den Erzähler «erwischt» – nur stellt sich bei all den Unschärfefaktoren inzwischen die Frage: inwiefern? Die Anklage ist nicht greifbar, sie schwebt ständig drohend über den Figuren, die sich ihrer Schuld diffus bewusst sind und sich genauso diffus bloß nicht erwischen lassen wollen: Verdunkelung als Seinsform.

## IX.

Nach dem Wirtshausbesuch spazieren Frau Jurak und der Erzähler in Richtung des Schiffswracks und stoßen auf eine Menschenansammlung. Rambausek, stellt sich heraus, hat Frau Juraks Tochter, das Mädchen aus dem Hausflur, vor dem Ertrinken gerettet – und ist nun selbst in Lebensgefahr. Wiederbelebungsmaßnahmen laufen ins Leere, er liegt da und atmet nicht. Der Erzähler hockt sich zu ihm und sieht vor allem, auf den Anfang rekurrierend, «eine langhingestreckte Nase, zipfend und von jenem Ernst erfüllt, welchen die Dummheit stets über ihre widerlichen Heimlichkeiten breitet». Dass der Erzähler sich selbst im Laufe des Textes obsessiv als «immer der Dümmste» bezeichnet hat, macht ihn zu einem Verwandten von Rambauseks schwammigem Wesen; dessen Heimlichkeit ist auch seine. Dabei werden der «Dummheit» innerhalb von Doderers Erkenntnistheorie durchaus erhellende Vorteile beigemessen, wie seinem Tagebuch am 1. März 1951 zu entnehmen ist: «Im Finalsatz des siebenten

Divertimento muss ich wirklich zu einer Art selbstleuchtender Idiotie gelangen.» «Dummheit» scheint ihm bisweilen sogar überhaupt das Erstrebenswerteste zu sein: «Mein eigentliches Werk besteht, allen Ernstes, nicht aus Prosa oder Vers: sondern in der Erkenntnis meiner Dummheit.» Eine sehr grundlegende Immunisierungsstrategie könnte man in einer solchen «Dummheit» sehen, eine Abwehrhaltung gegen zu viel Wissen über sich selbst, eine bewusste Ignoranz, die den Erzähler – und den Antipsychologen Doderer – durch genau die Krise trägt, die sie vorher ausgelöst hat.

Das Körperliche, das Physiognomische wird in der Rettungsszene erneut ins Sprachmaterielle und Schicksalhafte überführt: «Diese Nase war zu einer ganz wesentlichen Interpunktion meines Lebens geworden; und mit ihr schloß, unter anderem, auch ein Aussagesatz, der als Subjekt den Eigennamen Jurak enthielt.» Dank solch verworren-paranoider Lebensgrammatik auch «schoss bei mir ein, was bezüglich war». Der Erzähler erinnert sich – und wir treffen nun gehäuft auf jene dorerertypischen Kategorienkurzschlüsse zwischen Körperlichem und Diskursivem – an einen «Fall apriorischer Kurzerledigung» in einer «Sprache der Tathaftigkeit», als er einstmals einen Passanten «mit dämlicher Miene», einem spontanen Impuls folgend, am Vollbart zog und ihn so zu Fall brachte. Dieser Präzedenzfall eines amoralischen Übergriffs nun wird als eine prophylaktische Aktion gezeichnet, die den Erzähler wahrscheinlich vor Schlimmerem bewahrt habe. Wovor genau, wird nicht erzählt, es bleibt im Unscharfen und Mutmaßlichen stecken. Doch wird die Tat als «sozusagen von vornherein erfolgende epigrammatische Zusammenfassung des auftretenden Phänomens» beschrieben.

Das «Phänomen», das er vor Jahren mit dem «Bartriss» vermeiden konnte, hat sich seiner nun aber längst bemächtigt – davon erzählen die *Posaunen.* Was genau es ist, lässt sich *ex negativo* bestimmen, anhand des triumphalen Gefühls, das den Erzähler nach dem damaligen «Bartriss» überkam: «Damit passierte ich ihn, und schon wurde mein Rücken viele Quadratmeter hoch und breit, eine fugenlose, aber entschreitende Mauer glatter Ablehnung, völligen Unbeteiligtseins, absoluter Sicherheit». Eine restlose Immunisierung wurde erreicht und noch zu leicht größenwahnsinniger Unangreifbarkeit («Rücken viele Quadratmeter hoch») gesteigert. Wer, so die Moral dieser Geschichte, dem Bösen mit Bösem zuvorkommt, die mögliche Fremddominanz durch einen vorsorglichen Übergriff ausschließt, gewinnt: «die epigrammatische Faust – unsere einzige wirkliche und dauernd wirksame Waffe gegen die Menschen». Eine kleinere Übertretung bewahrt den Täter vor einer hypothetischen Niederlage, gar moralischen Katastrophe. Im Angriff bringt er die potenziellen Gegner zu Fall, bevor sie zu Gegnern werden können: «*Gewalt = Tat gegen Unbekannte / löscht Feuer ehe es noch brannte.*» Das Gewissen wird so mithilfe bizarrer Körperangriffe entleert, verdinglicht und ausgelagert.

Wo der beiläufige «Nasenriss» aber ausblieb, setzte der biografische Untergang ein. Ließe sich eine solche Vorsichtsmaßnahme vielleicht jetzt, *post factum,* nachholen? Der Erzähler tut es kurzentschlossen, er reißt Rambausek «kraftvoll» an der Nase, woraufhin dieser wieder zum Leben erwacht und Wasser erbricht. Nun fügt sich alles im Schnelldurchlauf wieder zum Guten: Rambausek ist gerettet, das Mädchen auch, ebenso der Erzähler, der nun endlich genesen kann, da die «Infiltration» vorbei und der «Pfropfen» gelöst ist, der sein «Lebensrinnsal sperrte».

Es folgen Idylle, Euphorie und Vogelmetaphorik: Ein «Taubenschwarm» schwingt sich «über mich hinweg schräg empor in die Lüfte», ein kleines Mädchen in der Trambahn legt dem perfiden Lebensretter wie zur Vergebung die Hand auf die seine: «bei mir rastete ein himmlischer Vogel».

Einen Tag später streift der Erzähler sein altes Leben ab und macht sich endlich mit dem Zug «nach Westen» auf: *finale furioso*, musikalisch, lyrisch, gesetzt kitschig: «O grünes Tal, bald füllen sich die Kronen, der Wälder Schaum, des Hügels ferner Rand.» Es mischt sich noch «ein grunzender oder röhrender Ton» aus seiner Brust in die rhythmischen Geräusche des Zuges, aber der Erzähler kann aufatmen: «Wir sind weit.» Und weit und immer weiter weg, könnte man hinzufügen, vom «verleugneten» oder verlogenen «Leben».

## X.

Aus der *Strudlhofstiege*: «Durch Sekunden wenigstens fühlt' er's bis zur absoluten Evidenz und Präsenz: wie das Volk des Gewesenen in dichtem und buntem Gedränge sich staut hinter den Kulissen der jetzt eben gespielten Szene und in den Gängen zwischen jenen, bereit, hervorzubrechen und die Bühne zu überschwemmen, alle Handlung an sich zu reißen. (...) Sie waren wohl unsichtbar, jedoch nahe.»

Die Abwesenden und Vergessenen bleiben, obwohl nah und spürbar, weiterhin abwesend und vergessen. Die symbolische Ebene schweigt, das Gewissen wurde aus der Psyche ausgelagert, um sich in körperlichen Abreaktionen zu entladen und aufzulösen. Das Ungesagte wurde bewältigt, bleibt aber ungesagt, bleibt «außen». Da es ein Aberglaube sei, «das Leben nach eigenem Ermessen periodisieren zu können: durch äußere Arrangements und moralische Kanalisierung», kann der Erzähler nur durch das genaue Gegenteil einer solchen Periodisierung, nämlich durch einen willkürlich erscheinenden spontanen Akt, noch einmal davonkommen. So macht er sich auf und davon: ins Neue, ins Grüne. Die Lebenskrise ist überwunden.

Um welchen Preis freilich sich Erzähler und Text so aus einem monströsen Abgrund herausgerettet, sozusagen fortgerauft, stumpfgetrunken, weggeschwiegen, totparliert, entzweckt und literarisiert haben, wird nicht einmal Doderer selbst genau gewusst haben. Aber gewiss hat er es – und die *Posaunen von Jericho* sind ein so sinistres wie faszinierendes Dokument dafür – *sehr genau geahnt.*

*Heimito von Doderer* (1896–1966) gilt seit der Veröffentlichung seiner beiden großen Wiener Romane «Die Strudlhofstiege» (1951) und «Die Dämonen» (1956) als einer der bedeutendsten österreichischen Schriftsteller des 20. Jahrhunderts. Seine Werke sind im Verlag C.H.Beck lieferbar.

*Thomas Melle* ist Autor vielgespielter Theaterstücke und preisgekrönter Romane. 2016 erschien der autobiographische Roman «Die Welt im Rücken», der auf der Shortlist für den Deutschen Buchpreis stand. 2015 erhielt Thomas Melle den Kunstpreis Berlin.